함께 웃고 떠들며 배우는

독서 토론 논술 수업

함께 웃고 떠들며 배우는

독서 토론 논술 수업

김성현 지음

지식프레임

독토논 수업으로 아이들이 달라졌어요!

《2020 미래 교육 보고서》에서 박영숙 교수는 "미래 교육의 핵심은 '집단지성'과 '적시학습'이다"라고 말합니다. 나 혼자보다 우리가 더 똑똑하며, 필요한 때에 필요한 지식을 배우는 것이 중요함을 강조하는 말이죠. 또한 미래 교육은 가르침에서 배움 중심으로 바뀔 거라고 주장합니다. 학교는 더 이상 가르치는 공간이 아닌 학생들 스스로 배움이 있는 곳이 되어야 한다는 의미일 것입니다.

미래학자 앨빈 토플러 역시 동질성을 강조하는 교육에서 벗어나 이질성에 초점을 두고 학생 한 명 한 명을 개인으로 인정해줘야 한다고 말합니다. 동일한 것을 가르치고 주입시키던 교육 패러다임에서 벗어나, 학생들 스스로 생각하고 다른 사람과 의견을 나누며 지식의 폭과 깊이를 더해가는 데 초점을 둬야 함을 강조하는 것이죠. 학생이 스스로 정보 탐색, 자료의 체계화, 사유와 탐구 과정을 해나갈 수 있도록 돕는 것이 학교와 교사의 역할이 되어야 하는 것입니다.

그렇다면 어떻게 하면 미래 교육의 핵심이 될 집단지성과 적시학습을 가르치고, 나아가 창의적인 인재로 길러낼 수 있을까요? 그 해답은 바로 독서, 토론, 논술입니다. 함께 읽고, 함께 생각하고, 함께 이야기하다 보면 혼자 느끼고 깨달은 것을 공유하면서 집단지성을 이룰 수 있습니다. 그리고 빠른 시대의 변화를 반영한 책, 신문, 여러 매체를 활용한 토의토론 수업은 적시학습에 좋은 교육 자료가 됩니다. 이러한 일련의 과정을 통해 생각하는 힘이 길러지고, 새로운 사고와 다른 생각, 즉 창의력이 길러지게 되는 것입니다. 그런 면에서 독서, 토론, 논술(독토논) 수업은 황금알을 낳는 수업입니다.

그렇다면 독서토론논술, 그 각각의 의미를 먼저 짚어보겠습니다.

독서(讀書)는 책을 읽는 것, 다시 말해 글의 내용을 이해하며 읽는 것을 의미합니다. 독서에 대해서는 더 길게 설명하지 않아도 충분히 이해하고 있으리라 생각됩니다.

다음으로 '토론(討論)'에 관해서는 경인교대 정문성 교수가 《토의토론 수업방법》에서 그 의미를 알기 쉽게 표현하고 있습니다. "토론이란 어떤 주제에 대해 서로 다른 주장을 하는 사람들이 논증과 실증을 통해 규칙에 따라 자기주장을 정당화하여 다른 사람을 설득하려는 말하기 듣기 활동이다."

마지막으로 논술(論述)의 의미는 무엇일까요? 논술의 사전적 의미를 찾아보면 "자신의 생각과 주장을 논리적으로 정리한 글"이라고 나옵니다. 다시 말해 타당한 이유와 근거를 제시하며 자신의 주장을 나타낸 글을 논술이라고 합니다. 따라서 논설문은 물론이고 토의, 토론, 논쟁, 입론 등의 글도 포함된다고 할 수 있습니다. (초등 독서·논술 장학 자료2, 《손에 잡히는 초등 논술》 2006. 12 참고)

이렇듯 따로 보면 별개로 여겨지는 독서토론논술을 왜 함께 진행하면 좋을까요? 이는 수준 높은 논술을 작성하기 위한 과정이기 때문입니다. 즉 RTW(Reading-Thinking-Writing)의 과정, RDW(Reading-Discussion-Writing)의 과정(꾸준한 독서, 활발한 토론, 신나는 논술, 2007, 서울특별시북부교육청)을 통해 다양한 종류의 글을 함께 읽은 다음, 함께 생각하고 토의하고 토론하는 과정을 거쳐 최종적으로 이를 종합해 균형 있는 시각을 갖춘 논술을 작성하게 되는 것입니다.

독서와 토론의 과정을 거친 논술과 그렇지 않은 논술에는 확실한 차이가 있습니다. 반드시 논술을 작성하지 않더라도 독서와 토론을 통해 학생들은 관점이 다양해지고, 시야의 폭과 깊이가 넓고 깊어지게 됩니다.

물론 초등학교에서 논술을 지도한다는 것은 쉬운 일이 아닙니다. 그러나 종합적으로 생각하는 힘, 문제를 해결할 수 있는 능력, 여러 의견에 대해 꼼꼼히 살피는 힘 등을 길러주고, 나름의 생각을 논리적인 글로 표현하도록 지도해야 합니다. 지나치게 형식에 얽매이기보다 읽고 말한 것을 쉽고 재미있게 표현하도록 하는 것이 중요합니다. 사고력, 논리적 사고와 글쓰기, 인지적 정교화, 배경지식 확장, 문제해결력, 창의력, 어휘력, 의미 협상과 갈등조정 능력 등을 신장시키는 독토논은 그래서 종합선물세트와 같습니다.

그럼에도 독토논 수업을 왜 해야 하는지, 얼마나 중요한지 이해되지 않은 분들을 위해 그 이유를 하나하나 설명해드리겠습니다.

먼저, 독토논은 학생들의 적극적인 참여를 이끌어내는 데 효과적입니다. 기존 수업의 경우 주인공은 항상 선생님이었고, 학생들은 교사가 준비한 내용을 따라가기에 급급한 수동적인 태도로 수업에 임해왔습니다. 하지만 독토논 수업을 하면 학생들은 자기가 느끼고 생각한 것, 준비한 것을 친구들과 토의, 토론함으로써 수업의 중심에 서게 됩니다. 발표를 꺼리고, 수업시간에 입을 열지 않던 학생들도 독토논 수업에 익숙해지면 주제와 관련된 자신의 입장을 차츰 말하기 시작합니다. 또한 또래친구들의 이야기에 집중하며 수업에 적극적으로 참여하는 태도를 보입니다. 독토논 수업이 수업의 주인공을 교사에서 학생으로 바꿔주는 역할을 하는 거죠.

둘째, 독토논 수업은 리더십 교육의 핵심입니다. 독토논 수업을 통해 학생들은 자연스럽게 의사소통 능력, 갈등조정 능력, 경청, 표현력, 사고력을 키우게 됩니다. 이는 리더로서 갖춰야 할 중요한 능력이며, 근력과 지구력처럼 하루아침에 길러지지 않고 꾸준한 반복과 연습을 통해 탄탄하게 길러야 합니다. 독토논 활동을 하다 보면 사물을 바라보는 관점의 변화, 설득하고 이해하고 수용하는 태도, 자신의 생각과 다른 사람의 생각을 종합적으로 정리해서 글로 풀어내는 힘이 커집니다. 또한 상대방의 입장에서 생각해보고, 배려하고, 말하면서 사람을 존중하고 배려하는 인성교육 차원에서도 효과가 높습니다.

마지막으로, 독토논 수업은 평생교육의 핵심인 자기주도학습 습관을 길러줍니다. 독서를 하면 책을 읽고 궁금한 부분을 찾아 이해하고, 내용을 체계적으로 정리하게 됩니다. 그리고 토의, 토론을 통해 다른 사람과 생각을 공유하면서 사고를 확장해나갑니다. 이는 배움을 지속해나가는 중요한 자세이며, 평생 지녀야 할 학습 태도입니다.

독서, 토론, 논술의 놀라운 효과들을 경험한 저는 학생들을 지도하는 많은 선생님들과 학부모님들에게 쉽고 재미있게 배우고 익힐 수 있는 방법들을 소개하고자 이 책을 쓰게 되었습니다. 학교에서 학생들을 지도하는 선생님들, 그리고 학부모님들 대부분이 토의, 토론 수업을 많이 접해보지 않았기에 '토의토론' 하면 왠지 낯설고 어려울 거라고 두려워합니다. 또한 TV의 토론방식을 떠올리면서 딱딱하고 재미없는 수업이라고 생각합니다.

그런 선생님들과 학부모님들을 보면서 저는 '보다 재미있게 독토논 수업을 할 수 없을까?' 하는 생각이 들었습니다. 그래서 여러 종류의 책을 찾고, 선배 선생님들께 자문을 구하고, 학생들의 피드백을 종합하여 정리해보았습니다. 그 결과가 바로 이 책입니다.

어렵게 나온 만큼 이 책이 학생들을 교육하는 분들에게 조금이나마 도움이 되었으면 하는 바람입니다. 이 책을 보고 '아! 나도 독서, 토론, 논술 수업을 한번 해볼까' 하는 마음과 자신감이 생긴다면 그것만으로도 저는 보람을 느낍니다.

이 책이 나오기까지 도움을 주신 아이스크림 오인진 과장님, RGB 커뮤니케이션 박상진 과장님, 오름교육연구소 구근회 소장님, 맹모지교 양영채 총장님, 그리고 지식프레임 윤을식 대표님에게 감사 인사를 전합니다. 늘 기도로 힘이 되어주는 사랑하는 아내와 두 딸 예원, 예린과 출간의 영광을 함께하고 싶습니다.

_ 김성현

Contents

함께 읽고, 생각하고, 이야기하며
아이들이 주인공이 되는
독서 토론 논술 수업

01

나는 독讀하게
지도한다!

독토논 수업, 왜 필요한가

● ● ●　제가 토론에 관심을 갖게 된 이유는 수업시간에 학생들이 발표를 잘 하지 않고, 수업에도 소극적으로 참여하는 모습을 보고 나서입니다. 고학년이 될수록 발문을 던졌을 때 적극적으로 손을 드는 학생의 수가 점점 줄었습니다. 기껏해야 4~5명 정도였는데, 그 친구들은 평소에도 손을 잘 들고 발표도 잘하는 아이들이었습니다.

어떻게 하면 학생들이 적극적으로 수업에 참여하고, 발표도 많이 할 수 있을까? 한동안 이런 고민을 하던 제가 찾은 답은 바로 '토론'이었습니다. 그럼 왜 토론이 좋을까요? 그 이유는 4가지로 요약할 수 있습니다.

첫째, 토론을 하면 책 읽기와 글 읽기를 하는 분명한 목적이 생깁니다. 단순히 책을 읽는 것과 토론을 하기 위해 책을 읽는 데는 차이가 있습니다. 학생들에게 단순히 자료를 나눠주며 학습 자료를 안내하기보다 관련된 내용에 대해 다 같이 토의토론을 해보면 그 차이를 분명 느낄 수 있습니다.

학생이 혼자 자료를 읽기만 할 때와 달리 토의나 토론을 해보면 내용 숙지는 물론 자신의 생각을 정리할 수 있는 계기도 마련할 수 있습니다. 학생들은 내용을 정확히 파악하기 위해 노력하게 되고, 토론을 위해 책도 한두 번 정도 더 읽게 됩니다. 또한 논제를 정해 일반적인 토론을 할 때도 마찬가지입니다. '토론'이라는 명확한 목적이 있기에 자료를 검색하고 내용을 확인하면서 집중해 책을 읽게 됩니다. 뿐만 아니라 학생들에게 단순히 '읽어오라'라고 강요하기 전에 학생들이 주도적으로 책을 읽고 있는 모습을 발견할 수 있습니다.

둘째, 토의토론을 하면 아이들의 스피치 능력이 높아집니다. 평소 발표를 해보지 않은 학생에게 발표 시간은 말 그대로 공포의 시간이었습니다. 틀리면 창피하고 많은 아이들의 시선이 부담스럽기 때문이죠. 또한 적합하지 않은 단어나 표현방식 때문에 친구들에게 놀림을 받을까 걱정하기도 합니다.

하지만 소그룹별 모둠 토론의 경우 발표 형식보다는 내용에 초점을 두고 있습니다. 토론 수업의 경우 다소 비공식적이고 활발하게 떠드는 것을 장려하기 때문에 편안하게 이야기할 수도 있습니다. 또한 자신의 의견을 효과적으로 전달하기 위해 손짓, 몸짓, 눈빛, 목소리 고저, 억양 등에도 신경을 쓰다 보니 스피치 실력이 차츰 향상됨을 발견할 수 있습니다. 즉 토론을 통해 단순히 말만 잘하는 것이 아니라 "네, OOO님 의견 잘 들었습니다" "OOO님 의견도 좋습니다만"과 같이 상대방을 배려하는 언어 습관도 체득할 수 있습니다.

셋째, 토의토론 수업을 해보면 교사 중심의 수업보다 참여도와 학습 흥미도가 훨씬 높습니다. 학생들은 자기가 그 수업에 적극적으로 참여하면 재미있는 수업, 반대로 제대로 참여하지 않으면 재미없는 수업이라고 생각합니다. 다시 말해 가만히 앉아 선생님의 이야기만 듣는 수업은 학생들이 지루하고 힘들어 할 수 있습니다.

학생들은 자신의 생각을 이야기하고 친구들과 의견을 공유하는 참여형 수업을 즐거워합니다. 실제 토론 수업을 진행한 학생들을 대상으로 설문조사를 해본 결과, 토론이 즐겁다고 답한 학생은 무려 83퍼센트나 되었습니다. 그 이유는 '다른 친구의 생각을 들을 수 있어서' '참여할 수 있는 수업이어서'라는 답이 많았습니다. 또한 학생들은 "시간이 이렇게 빨리 가는 줄 몰랐다"라고 말할 만큼 수업의 몰입도도 높았습니다. 토론 수업에 참여하는 75퍼센트 학생이 토론 수업을 통해 학교생활이 즐거워졌고, 토론 시간이 기다려진다고 말하기도 했습니다. (2012년, 6학년 32명을 대상으로 한 설문조사, 출처:《책 읽는 아이, 토론하는 우리집》)

넷째, 토의토론은 리더십을 기르는 최적의 교육 방법입니다. 리더로서 갖추어야 할 자질에는 경청, 의견 조율, 갈등 해결, 방향 제시 등이 있습니다. 그런데 이러한 자질들은 토론을 통해 충분히 기를 수 있습니다. 토론을 진행하다 보면 각자의 의견이 다양하기 때문에 먼저 상대의 의견을 잘 경청하면서 충분히 이해해야 합니다. 또한 그러한 의견들을 큰 충돌이나 갈등 없이 조율해서 모둠의 의견으로 도출해내야 합니다. 이러한 과정에서 리더로서의 역량이 자연스럽게 길러지게 됩니다.

토론 수업은 학생들을 적극적으로 참여하게 하는 수업입니다. 물론 처음에는 머뭇거리며 어색해할 수 있습니다. 그런데 시간이 지나면서 선생님이 생각했던 효과 이상의 긍정적인 부분들을 발견할 수 있습니다. 예를 들어 학교에서 가르쳐야 할 예절, 의사소통 능력, 자기주도의 학습 습관, 분석적 논리적 사고능력이 동시에 길러집니다. 한마디로 토론 수업은 마법 같은 수업이죠. 또한 학생과 교사가 모두 수업에 만족하고, 교실 수업의 개선 효과도 기대할 수 있습니다.

'72시간의 법칙'이라는 말이 있습니다. 새로운 것을 접하고 이를 72시간, 그러니까 3일 내에 직접 실천해봐야 자기 것으로 만들 수 있다는 뜻입니다. 여러 가지 좋은 이점들이 있는 독서, 토론, 논술 수업에 관심 있는 선생님이라면 자신이 할 수 있는 범위 내에서 조금씩이나마 실천해보길 적극 권장합니다.

학생이 주인공이 되는 토의토론 수업

'거꾸로 학습'이라고 들어보셨나요? 우리는 주로 학습은 학교에서 이루어진다고 생각합니다. 그런데 거꾸로 학습은 배워야 할 내용은 가정에서 온라인을 통해 배우고, 학교에서는 지식 전달 중심의 수업이 아닌 서로 배우고 익힌 것을 함께 이야기하고 토의토론하는 것을 말합니다.

구체적으로 설명해보겠습니다. 먼저 선생님은 수업시간에 학생들에게 가르칠 내용을 영상을 통해 미리 제공합니다. 그러면 학생들은 집에서 선생님의 수업 자료를 듣고, 학교 수업시간에는 선생님과 함께 토의토론 주제에 대해 생각해본 다음 삼삼오오 그룹을 만들어 자신의 생각을 말합니다. 이것이 '거꾸로 학습'입니다.

'거꾸로 학습'의 핵심은 유대인들이 말하는 하브루타(havruta), 즉 2명 이상이 모여 학습한 내용에 대해 함께 이야기를 나누는 것입니다. 인간이 가장 오래 기억하는 방법은 누군가에게 자신이 아는 내용을 '설명하며 가르쳐주는' 것입니다. 우리의 뇌는 보고, 듣고, 쓰는 것보다 자신이 이해한 내용을 누군가에게 가르쳐주면 오래 기

억한다고 합니다. 스스로 자료를 찾아 정리하고 이해하고 알게 된
것을 서로에게 설명하고 설득하는 토의야말로 가장 오래 기억할
수 있는 활동입니다. 실제로 토의토론을 진행한 후 학생들에게 어
떤 점이 좋았냐고 물어보면 여러 친구들의 생각을 알 수 있었던 점
을 꼽는 학생도 많지만, 토의토론한 책을 오래 기억할 수 있어서 좋
았다고 말한 친구도 3분의 1이 넘었습니다.

　토의토론을 하면 학생들이 아무것도 배우지 않고 시간만 보낸다
고 생각하는 선생님들이 종종 있습니다. 하지만 사실 지금은 스마
트폰, 컴퓨터를 통해 언제 어디서든 지식을 습득할 수 있는 시대입
니다. 다시 말해 단순히 지식을 전달하는 수업만을 추구해서는 안
된다는 것입니다. 학생들이 스스로 자기에게 필요한 정보를 찾아
가공해 자신의 것으로 만드는 능력, 지식을 기반으로 자신의 생각

토의토론 활동에 진지한 자세로 참여하고 있는 학생들.

을 형성하는 능력, 그리고 자신의 생각을 다른 사람과 공유하며 시각을 확장하고 자신의 의견을 다듬는 능력이 필요합니다. 이러한 능력이야말로 미래 인재에게 반드시 필요한 능력입니다.

언젠가 한 미래학자의 강연을 들은 적이 있는데, 그는 앞으로 학교의 형태가 달라질 거라고 이야기하더군요. 학생들은 컴퓨터나 스마트폰, TV 등의 전자 기기를 통해 학교 수업을 듣고, 학교에서는 서로 경험하고 생각하고 배운 것에 대해 나누고, 토의하며, 자신이 쓴 글을 발표하게 될 거라고 말입니다.

토의토론은 수업의 주인공을 선생님이 아닌 학생으로 바꿔줍니다. 토의토론 수업 이후 학생들의 반응도 "재미있다"라고 말하는 경우가 많습니다. 자기가 직접 수업에 참여하고, 친구들의 이야기를 듣고 말하는 것이 학생들에겐 색다르고 즐거운 경험이 된 거죠. 선생님은 말하기의 규칙을 정확히 알려주고, 이야기할 주제에 대해 안내해주며, 적절한 코칭을 통해 지속적으로 동기를 부여해주면 됩니다.

그런데도 여전히 토의토론 수업이 어렵다고 하는 선생님들이 많습니다. 어려운 것이 아니라 많이 해보지 않았기에 어색한 것입니다. 학생들이 서로 말하고, 다소 어수선하고 시끄러운 수업에 선생님이 적응되지 않았기 때문인 거죠. 우리가 새 옷을 입고, 새 신발을 신으면 처음엔 다소 어색하다가 시간이 좀 지나면 금세 익숙해지듯 토의토론 수업도 자주 하다 보면 자연스러워질 것입니다.

선생님은 학생들에게 말할 기회를 많이 주고, 그들에게 표현할 수 있는 시간을 주면 됩니다. 처음에는 분명 소란스럽다는 생각이 들 수도 있습니다. 하지만 선생님이 먼저 토의토론 활동지를 준비하고, 학생들이 그 활동지를 보고 미리 고민하고 준비해온다면 수업은 더 즐겁고 역동적으로 변할 것입니다.

모든 선생님들은 학생들이 즐거워하는 수업시간을 꿈꿉니다. 수업 중에 선생님 혼자 떠들며 가르치는 수업이 아닌, 선생님이 수업 전에 많은 것을 준비하고 고민하는 것이 바로 선생님과 학생이 모두 '즐거운' 수업입니다. 선생님이 이런 식으로 꾸준히 토의토론 수업을 진행하다 보면 자신만의 노하우가 생겨 그 선생님만의 수업 유형을 갖게 될 것입니다.

시도해보기도 전에 걱정하는 것보다 실제로 한번 해보는 것이 더 중요합니다. 학생들과 자주 대화하며 토의토론 수업의 모델을 만들어가는 것은 학생들에게는 즐거운 수업시간이 되고, 선생님에겐 가르침에 대한 또 다른 보람으로 되돌아올 것입니다.

책 읽기가 즐거워지려면

●●● 책을 좋아하지 않는 학생들도 이야기 듣는 것은 좋아합니다. 그리고 잘 알고 있던 선생님의 목소리에 기존에 알고 있던 선생님과는 사뭇 다른, 약간의 오버가 가미된 연기는 책에 나오는 이야기 듣는 시간을 더욱 즐겁게 합니다.

이처럼 학생들이 책과 친숙해지는 데는 여러 가지 방법이 있습니다. 일례로 하루 10분 책 읽어주기, 아침 독서 시간 등 여러 가지 독서교육 활동의 형태도 있습니다. 선생님의 작은 노력이 학생들의 독서활동에 큰 영향을 미치는 거죠. 그렇다면 학생들이 좀 더 즐겁게 이야기를 듣고 그 이야기에 빠져들 수 있도록 하는 몇 가지 팁을 소개해보겠습니다.

첫째, 가장 보편적인 책 읽어주기 방법은 책을 든 채 스토리를 읽는 것입니다. 이때는 책에 나온 그림도 가끔 보여주는 게 포인트죠. 그런데 책을 읽어줄 때 선생님이 약간의 변화만 줘도 책 읽는 시간은 10배 더 흥미로워질 수 있습니다.

그 비밀은 바로 '목소리의 변화'입니다. 목소리 톤과 속도에 변화

학생들에게 책 표지를 보여주며 책을 소개하는 선생님.

를 주는 거죠. 남자 목소리, 여자 목소리, 어린이 목소리, 할머니 목소리 등 책에 나오는 등장인물에 맞춰 선생님이 목소리에 변화를 주면서 대화체를 읽으면 됩니다. 그리고 즐거울 때는 다소 격양된 높은 톤의 목소리, 긴장되거나 무서운 장면에서는 느릿느릿한 저음으로 효과를 주면 이야기에 흠뻑 빠져들게 됩니다.

표정도 중요한 요소입니다. 책을 읽어주는 선생님은 1인 연극을 하는 것이라 생각하고, 단순히 목소리만이 아니라 온몸으로 책의 이야기를 표현해야 합니다. 눈빛, 얼굴 표정, 자세, 몸짓, 손짓 하나하나가 이야기 전달의 도구가 될 수 있습니다.

둘째, 단순히 글을 읽는 데서 벗어나 적절한 발문을 던지는 방법입니다. 이야기 도중의 발문은 학생들의 상상력과 논리력, 추리력 등을 자극합니다. 그리고 스토리 전개에서 호기심을 유발시키면 더욱 즐거운 책 읽기로 이끌 수 있습니다.

"그림을 잘 살펴봐. 뭔가 이상한 거 없니?"

"네가 작가라면 어떻게 이야기를 마무리할까?"

"지금 주인공의 마음은 어떨까?"

"이 다음에는 어떻게 되었을까?"

"만약 네가 주인공이라면 어떻게 했을 것 같아?"

이런 식으로 이야기 도중 질문을 하면 학생들은 이야기에 끌려가는 것이 아니라 한번쯤 생각해볼 수 있는 시간을 갖게 됩니다. 특히 사건이 흥미롭게 전개될 때, 다음 장을 넘기지 않고 이런 질문을 던지면 학생들은 저마다의 상상력으로 다양한 답을 쏟아냅니다. 그런 다음 책을 읽어주면 자신의 생각과 비교하면서 듣게 되어 이야기를 더욱 즐길 수 있게 됩니다. 그런데 지나치게 자주 발문을 던지면 이야기 흐름에 방해가 되고, 책 읽는 재미를 떨어뜨릴 수 있으니 적절한 때, 적절한 시간을 할애해야 합니다.

셋째, 기존에 책을 처음부터 끝까지 읽어주었다면 조금 다른 방법으로 책을 읽어줄 수도 있습니다. 그러니까 처음부터 끝까지 읽어주기엔 부담스러운 분량의 책이라면, 선생님이 책 전체의 내용을 파악한 후 선생님의 언어로 책을 읽어주는 거죠.

한 예로 책 제목도 이야기해주지 않은 채 이야기를 들려주는 식입니다. 마치 조선시대에 청중을 앞에 두고 소설을 구연하던 이야기꾼인 전기수처럼 무대에서 이야기를 신나게 펼쳐나가는 역할을 하는 것입니다. 그런데 처음부터 마지막 결말까지 이야기해주는 게 아니라 가장 극적인 부분에서 이야기를 멈추는 것입니다. 일일드라마가 가장 극적인 장면에서 끝나는 것처럼 말이죠. 그런 다음 선생님이 들려준 이야기의 출처, 책 제목과 표지 등을 소개해주면 학생들은 이 책에 더 많은 관심을 갖게 될 것입니다.

이 외에도 책과 관련된 장소, 인물 등의 사진을 보여준 다음 이야기를 들려줄 수도 있습니다. 또 이야기를 들려주면서 내용과 관련된 실물을 보여주면 흥미와 집중도는 더 높아질 것입니다.

그렇다면 이런 방법이 고학년 학생들에게도 통할까요? 물론입니다. 고학년이라 해서 이야기에 관심이 없는 것은 아닙니다. 이야기를 듣는 것은 남녀노소를 불문하고 누구나 좋아합니다. 어른들이 드라마나 영화를 보는 것도 바로 이야기가 주는 즐거움 때문이니까요.

고학년이든 저학년이든 상관없이 선생님이 얼마나 이야기를 충분히 이해하고 표현하느냐가 중요합니다. 책을 읽어줄 때는 선생님이 이야기의 전체적인 흐름을 파악한 다음, 스토리의 부분 부분을 읽어주면 됩니다. 거기에 사소한 자료나 준비물까지 챙긴다면 학생들의 눈과 귀는 물론 마음까지 모두 사로잡을 것입니다.

대가족 시절, 할머니 할아버지는 손자손녀를 무릎에 앉혀놓고 옛날이야기를 들려주곤 했습니다. 아이들도 그 이야기가 너무 재미있어 "할머니, 할아버지 옛날이야기 더 해주세요"라고 아우성을 쳤습니다. 그런데 요즘 아이들은 이야기에 목말라 있지만, 정작 이야기를 들려줄 사람이 많지 않습니다. 그 역할을 해줄 부모마저 너무 바빠서 학교로, 선생님에게로 그 역할이 넘어왔습니다.

그렇다면 선생님들이라도 학생들이 이야기를 즐길 수 있도록 그들의 이야기주머니를 채워줘야 합니다. 선생님이 직접 책을 읽어주거나 전기수처럼 멋진 1인극을 해주는 식이죠. 그렇게 이야기에 빠져들면서 이야기주머니가 차고 넘치면 학생들은 스스로 책을 들고 읽어나갈 것입니다.

이화여대 황병기 명예교수는 "모르는 것을 알아가는 것 자체가 기쁨이다"라고 말했습니다. 학생들에게 다양한 방법으로 독서를 하게 하고, 세상의 문을 두드릴 수 있게 선생님이 직접 나서야 할 때입니다.

학년별 독서 지도 방법

●●● 한국교육개발원의 보고서에 따르면, 고등학교 1~2학년 중 상위 10퍼센트 이내 학생들의 특징을 조사했더니 어릴 적부터 독서를 무척 좋아했다고 합니다. 특히 문학작품과 신문을 즐겨 읽었다고 합니다. 또한 미국교육과학연구소는 2002년 〈미국의 리더는 어떻게 만들어지는가〉라는 보고서에서 미국의 리더들은 어릴 적 세계명작동화와 고전을 즐겨 읽었던 독서광이란 공통점을 발견했습니다. 이와 같이 '학습=독서'라 해도 과언이 아닐 정도며, 독서는 초등 공부의 전부라 해도 될 만큼 중요합니다.

저 역시 독토논 과정을 진행하면서 주변 선생님이나 부모님들께 자주 듣는 질문이 어떻게 독서를 지도해야 하느냐 하는 것입니다. 그래서 간단하게나마 학년별 독서 지도 방법을 소개하고자 합니다.

초등 1, 2학년

이 시기의 아이들은 상상력과 창의력이 풍부하며, 감성적이고 직관적인 특징이 있습니다. 자신의 주변이나 일상생활에서 일어나는 일에 관심이 많고, 옳은 일과 잘못된 일, 선과 악을 구분할 줄 압니다. 따라서 저학년의 경우 생활동화를 중심으로 지도하면 좋습니다. 가정, 학교, 아이들의 세상에서 발생할 수 있는 일을 다룬 동화가 적합합니다.

특히 이때는 사회성이 발달하는 시기이므로, 자신이 처할 수 있는 상황에서 책의 등장인물은 어떻게 말하고 대처하는지에 관심을 보입니다. 감성과 상상력을 자극할 수 있는 책을 읽어주는 것도 좋습니다.

선생님이 동화책을 들고 책을 읽어주고, 학생들은 스스로 다시 읽어보는 것이 효과적입니다. 그러면서 그림 중심에서 차츰 혼자서 글밥이 있는 책에 익숙해지는 연습이 필요합니다. 선생님이 다양한 분야의 책을 읽어주거나 독서활동을 함으로써 여러 분야의 책에 관심을 갖도록 해야 합니다.

저학년 시기에 가장 중요한 것은 독서에 대한 흥미를 잃지 않는 것입니다. 지나치게 독후활동을 강조하기보다 책 자체의 읽는 재미에 푹 빠지도록 하는 것이 좋습니다. 책을 인형극, 역할놀이, 책 관련 게임 등 다소 역동적인 수업으로 진행하는 것도 효과적입니다.

초등 3, 4학년

3, 4학년이 되면 독서에서 선생님과 부모님에게 의존했던 부분이 차츰 줄어들고, 자기주도적으로 책을 선택해서 읽게 됩니다. 가정,

학교, 또래사회에서 관심 범위가 확대되어 역사, 인물, 나라, 사회문제, 과학 등 다양한 분야의 책도 읽습니다.

어휘력과 사고력이 폭발적으로 향상되며 '생각 위의 생각', 즉 상위인지(Meta Cognition)가 발달하게 됩니다. 다시 말해 책의 행간을 파악하고, 등장인물 분석, 사건의 의미, 스토리의 구성 등에 대해 조금씩 눈을 뜨게 되는 시기입니다. 따라서 책을 읽고 친구들과 책에 대해 주제를 정해 이야기하고 토의, 토론하는 과정을 통해 책을 깊이 있게 이해하는 시간을 갖는 것이 효과적입니다.

아직은 자기중심적 사고가 강한 친구들이 많아 학교나 가정에서 겪게 되는 문제들을 토의, 토론하는 과정을 통해 스스로 생각해보고, 어떻게 말하고 행동해야 하는지 '행동 수정'을 할 수 있는 계기도 됩니다.

또한 이 시기에는 교과 학습의 양이 차츰 많아지면서 독서할 절대시간이 부족한 학생들도 있습니다. 그런 학생들에게는 학기 중에 교과서와 연계된 책을 읽게 함으로써 학습과 독서 두 마리 토끼를 모두 잡도록 해줍니다. 그리고 가정과 연계해 직접경험과 간접경험인 독서의 비율이 균형을 이룰 수 있도록 하는 것도 필요합니다. 박물관, 미술관, 유적지, 과학관 등의 체험으로 새로운 분야에 대한 호기심을 충족시켜주고, 나아가 이런 경험이 또 다른 독서로 이어질 수 있도록 해주는 것이 중요합니다.

초등 5, 6학년

고학년의 경우 어느 정도 독서 습관이 자리 잡혔다고 할 수 있습니다. 또한 사춘기 시절에 접어들면서 자기성찰, 이성에 대한 호기심, 외모 등에 관심이 많아집니다. 남학생들은 영웅의식과 모험심이 많아지고, 여학생들은 좋아하는 연예인이 생기고 이상적이며 다소 감성적인 심리 상태를 나타냅니다.

이 시기에는 인생의 롤모델을 찾는 독서, 앞으로 삶의 방향을 정하는 진로 독서, 꿈에 대한 독서, 사춘기를 겪는 또래 친구들의 이야기인 성장소설 등을 읽는 것이 적절합니다. 고민과 생각이 많은 시기이므로 책을 통해 정답을 찾고, 자신의 비밀스러운 이야기를 책을 읽고 느끼거나, 글을 쓰면서 내면을 성장시킬 수 있는 기회가 됩니다. 또한 인간 삶의 전 분야로 관심과 생각이 미치고, 잘잘못을 따지는 것을 좋아하는 시기이므로 아카데믹한 토의, 토론을 진행하는 것도 좋습니다.

서울대학교 자기소개서 양식을 보면 자신의 꿈과 관련해 지금까지 읽은 책 가운데 3권을 선정해 느낀 점을 쓰는 공란이 있습니다. 초등학생들에게는 다소 어려운 과제일 수 있지만, 자신의 진로나 꿈을 탐색해보기 위해 다방면의 책을 읽고 자신의 미래를 설계해보라고 동기부여를 할 수 있습니다.

만약 이 시기에도 독서 습관이 잡혀 있지 않고, 독서에 대해 흥미가 없는 학생이라 해서 억지로 수준 높은 책을 강요할 필요는 없습니다. 독서는 수준별 지도가 가능합니다. 독서력이 부족한 아이에게는 개별적으로 책을 권하고, 관련 활동을 제시하며, 책의 수준과 분야는 학생이 직접 정하게 하면 됩니다.

 선생님들이 학생들의 마음밭에 독서라는 씨를 뿌려놓으면, 언젠가 뿌리 깊은 나무가 되어 학생들의 학습에 든든한 지지대 역할을 할 것입니다. 독서교육은 콩나물을 기르는 것과 같습니다. 콩나물 시루에 물을 뿌리면 물은 금세 아래로 빠져버립니다. 그런데 매일 매일 물을 주고, 정성을 다해 기르면 어느새 콩나물은 쑥쑥 자라 있습니다. 물이 콩나물을 금세 통과해서 아무것도 남지 않은 듯하지만, 콩나물이 성장하려면 물은 반드시 필요한 재료입니다.

 한양대 유영만 교수는 체인지(體認知), 즉 몸이 인식하는 것이 진정한 지식이며, 이를 반복적으로 실천할 때 진정한 변화가 일어난다고 말합니다. 독서 지도에 변화를 줘야겠다고 생각한다면, 생각만 하지 말고 내일부터라도 당장 책을 손에 드는 자세가 중요합니다. 바쁜 아이들이지만 일주일에 한 번은 꼭 독서 관련 수업을 하고, 책과 관련한 예시를 수업 중에 언급한다면 과연 싹을 틔울 수 있을까 했던 콩이 콩나물로 쑥쑥 자라듯 아이들도 1년 뒤에는 부쩍 자라 있을 것입니다.

Tip. 독토론 수업을 위한 학년별 추천도서

1, 2학년

《강아지가 태어났어요》제롬 웩슬러, 비룡소
《아무도 내 이름을 안 불러 줘》한국글쓰기연구회 엮음, 보리
《쿠키 한 입의 인생수업》에이미 크루즈 로젠탈, 책읽는곰
《강아지똥》권정생, 길벗어린이
《그림 그리는 아이 김홍도》정하섭, 보림
《으악, 도깨비다》손정원, 느림보
《퐁퐁이와 툴툴이》조성자, 시공주니어
《이 고쳐 선생과 이빨투성이 괴물》롭 루이스, 시공주니어

3, 4학년

《나쁜 어린이표》황선미, 웅진닷컴
《백두산 이야기》류재수, 보림
《까만 나라 노란 추장》강무홍, 웅진주니어
《짜장 짬뽕 탕수육》김영주, 재미마주
《굿모닝, 굿모닝?》한정영, 미래아이
《아씨방 일곱동무》이영경, 비룡소
《조금만, 조금만 더》존 레이놀즈 가디너, 시공주니어
《웃음총》이현주, 효리원
《까막눈 삼디기》원유순, 웅진주니어
《마법의 설탕 두 조각》미하엘 엔데, 소년한길

5, 6학년

《아낌없이 주는 나무》쉘 실버스타인, 시공주니어
《길아저씨 손아저씨》권정생, 국민서관
《양파의 왕따일기》문선이, 파랑새어린이
《사람은 무엇으로 사는가》톨스토이, 더클래식
《푹죽소리》리혜선, 길벗어린이
《마당을 나온 암탉》황선미, 사계절
《꽃들에게 희망을》트리나 폴러스, 시공주니어
《마시멜로 이야기》호아킴 데 포사다, 한경BP
《갈매기의 꿈》리처드 바크, 현문미디어

함께 읽고, 생각하고, 이야기하며
아이들이 주인공이 되는
독서 토론 논술 수업

02

누구나 쉽게 따라 하는 독서활동

나만의 특별한 독후감 쓰기

학생들이 책을 읽고 싶어 하지 않는 가장 큰 이유 중 하나는 바로 '독후감' 때문입니다. 책을 읽고 난 후에는 어김없이 느낀 점과 책의 줄거리를 요약해야 하는 일반적인 독후감 쓰기를 학생들은 힘겨워합니다.

사실 독후감은 수많은 독후활동 가운데 하나일 뿐입니다. 따라서 학생들이 선택하고 자신이 하고 싶어 하는 독후활동을 할 수 있도록 해주는 것이 중요합니다. 하고 싶어 하는 독후활동이란 어떤 것일까요? 첫째, 글로만 혹은 줄거리만 쓰는 기존의 독후감이 아닌 색다른 활동을 하는 것, 둘째, 학생 개개인의 꿈과 관련된 활동을 말합니다. 이런 독후활동이라면 학생들에게 큰 동기부여가 될 것입니다.

그렇다면 독후활동에는 어떤 것들이 있는지 살펴보겠습니다.

첫째, 친구에게 책을 소개하는 편지입니다. 편지에는 왜 내가 이 책을 소개하는지에 대한 동기, 간단한 책의 줄거리와 내가 인상 깊었던 장면과 글귀 등을 안내합니다. 편지의 분량은 중요하지 않습니다. 단, 지나치게 줄거리 중심의 편지글이 되지 않도록 해야 합니다.

둘째, 인상 깊었던 장면을 만화로 꾸며보는 것입니다. 4컷에서 최대 8컷으로 책에서 가장 재미있었던 장면, 사건이 해결되는 장면, 핵심이 되는 장면을 중심으로 만화를 그리고, 등장인물이 주고받는 대화를 적습니다. 더불어 그 장면을 선택하게 된 이유에 대해 적어보면 같은 책을 읽은 친구들이 충분히 공감할 것입니다.

셋째, 인상 깊은 장면을 그림으로 그려보는 독서 감상화입니다. 독서 감상화는 저학년 학생들이 특히 좋아하는 활동입니다. 다양한 재료와 도구, 미술기법 등을 이용해 책의 하이라이트 부분을 자유롭게 그리는 것입니다. 거기에 책 제목과 그림에 대한 설명을 간략하게 적어보도록 하면 됩니다.

넷째, 독서 퀴즈나 퍼즐을 출제하도록 합니다. 문제를 출제한다는 것은 그 내용을 충분히 이해하고 있다는 반증입니다. 따라서 책을 읽고 나서 관련된 퀴즈나 가로세로 퍼즐을 출제해보는 것도 좋은 독후활동입니다. 문제를 만들 때는 근거가 되는 책 페이지를 제시하면 좋고, 사전에 지엽적인 부분이 아닌 핵심적이고 주제와 관련한 문제를 내도록 알려줘야 합니다.

다섯째, 이어질 내용에 대해 상상해보는 활동입니다. 이 활동은 책 내용을 중심으로 할 수도 있지만, 책의 내용을 바탕으로 이후에 어떤 일이 벌어질지에 대해 생각해보는 것입니다. 간략하게 책 내용에 대해 요약하고, 이어질 내용을 쓰도록 합니다. 그리고 그렇게 상상한 이유도 간단히 적어보도록 합니다.

여섯째, 주인공이나 등장인물에 대해 분석해보는 활동입니다. 이는 PMI(Plus, Minus, Interesting) 활동과도 관련이 있는데, 책에 나오는 등장인물들의 성격 장단점과 흥미로운 부분에 대해 분석하는 것입니다. 개개인의 인물 분석이 끝난 후에는 2명의 인물을 선정해서 성격의 공통점과 차이점에 대해서도 분석할 수 있습니다.

일곱째, 주인공이나 등장인물에게 편지를 보내는 활동입니다. 친구에게 자신이 읽은 책에 대해 소개하는 편지를 썼다면, 이 활동은 책에 나오는 주인공에게 위로, 안부, 축하, 격려하는 편지를 쓰는 것

뒤에 이어질 내용을 상상해 글을 쓰고 그림을 그린 독후활동.

다양한 종류의 독후활동을 교실 뒷면에 게시하면 학생들은 갤러리 학습을 통해 여러 책을 접할 수 있다.

입니다. "너와 친하게 지내고 싶다"라거나 "지금은 힘들겠지만 그래도 힘내"라고 격려하거나 "꿈을 향해 함께 열심히 공부하자" 등 인물의 상황을 이해하고 관련된 글을 쓰는 것입니다.

여덟째, 한 줄 독후감입니다. '독후감인데 한 줄이라니?' 하면서 의아해할 수 있습니다. 그런데 말 그대로 독후감을 한 문장으로 쓰는 것입니다. 학생들은 독후감을 써야 한다고만 하면 바로 의기소침해지는데, 독후감의 문턱을 확 낮춰 한 문장만이라도 생각하고 써보는 것입니다. 신기하게도 한 줄 독후감이지만, 한 문장이나 한 줄로 자신의 생각을 표현하는 것이 더 힘들 수도 있습니다. 그러다 보니 고학년이 되면 한 줄 독후감이 한 문단 독후감이 되기도 합니다.

아홉째, 인상적인 글귀에 밑줄을 긋고 그 부분을 공책에 옮겨 써 보는 활동입니다. 책을 읽고 유독 좋은 문장들이 많아 밑줄 그은 부분이 많다면, 독후감을 쓰기보다 밑줄 그은 부분을 다시 한 번 노트에 옮겨 적는 것도 의미 있는 독후활동입니다. 동화책보다는 실용서, 자기계발서, 소설 등을 읽고 난 후 많이 하는 활동입니다. 밑줄 그은 부분을 옮겨 쓰면서 문장력, 표현력은 물론 문장의 의미를 생각하게 되니 일독 이상의 효과를 얻을 수 있습니다. 이는 학생들의 독후활동뿐만 아니라 선생님들의 독서법에도 활용할 수 있는 독서 기술입니다.

꿈과 연결한 독후활동

●●● 학생들이 가장 적극적이고 즐겁게 독후활동을 할 수 있는 방법은 바로 자신의 꿈과 독후활동을 연결 짓는 것입니다. 내가 가장 좋아하는 일, 하고 싶은 일, 간절히 바라는 미래의 모습, 즉 꿈을 상상하며 관련된 독후활동을 할 때 학생들의 눈은 반짝이며 살아 있습니다.

예를 들어 꿈이 선생님이라면, 나중에 학생에게 소개해줄 책을 어떻게 지도하면 좋을지 학습지로 만들어보면 좋습니다. 또한 책을 어떻게 소개할지에 대해 고민한다면, 학습할 내용을 요약해보는 것도 좋습니다. 우리 반의 한 학생은 선생님으로서 특정 책을 어떻게 지도할지에 대해 학습지도안을 작성한 친구도 있었습니다.

꿈이 기자라면 책을 읽고 관련 기사를 써보고, 아나운서라면 자신이 책을 소개하는 프로그램 진행자라고 가정하고 진행 멘트를 적어보도록 합니다. 꿈이 화가, 만화가라면 가장 인상적인 장면을 그린 다음, 그림에 대한 설명을 덧붙이면 됩니다. 꿈이 음악가라면 책을 읽어줄 때 어떤 배경음악이 적절할지 고르고, 선택한 이유와 책

책제목 : [내가 곧 스타일이다]   5-2 (64) 최유민

책소개 : 내 꿈은 패션 디자이너이다. 프랑스가 낳은 최고의 디자이너인 가브리엘 샤넬에 대해 알아보고
자 이 책을 선택했다. 샤넬의 우아하고 격식을 차리지 않는 디자인은 여성들로 하여금 예전의 거추장스럽
고 불편한 옷을 벗고 저지드레스와 슈트, 리틀 블랙 등의 간편하고 새로운 옷을 받아들이게 했다. 단순함
과 편안함을 기본 발상으로 한 혁신적인 디자인을 할 수 있었던 것은 다른 사람의 이목을 두려워하지 않
는 샤넬의 자유로운 정신과 아름다운 옷을 만들기 위한 노력 때문이었다.
그림소개 : 패션쇼장의 모습을 그려 보았다. 패션 디자이너, 패션 모델, 조명 감독, 패션쇼 디렉터 등 패션
쇼를 하기 위해서는 여러 사람이 힘을 모아 일해야 한다.

자신의 꿈과 관련된 독후활동.

내용을 연결 지어 설명을 덧붙이도록 합니다. 운동선수가 꿈이라면
책의 주인공이 좋아할 만한 운동을 상상해보거나, 그 주인공과 함
께 올림픽에서 팀을 이뤄 출전한다고 상상하고 글을 써보는 것도
방법입니다.

꿈과 관련한 독후활동은 학생 스스로 선택하며, 글이든 영상이
든 만들기든 어떤 형태로 결과물을 제시해도 상관없습니다. 학생들
은 책을 통해 꿈을 찾기도 하고, 꿈이 더 확실하고 선명해지기도 합
니다. 또한 자신이 공부하는 이유, 책을 읽는 이유 등이 모두 꿈과
관련되어 있음을 재인식하게 하는 데 효과적입니다.

그런데 주의할 점이 있습니다. 반드시 꿈과 관련한 독후활동을 강요할 필요는 없습니다. 꿈과 관련한 독후활동은 하나의 예시이며 가이드라인일 뿐입니다. 자신의 꿈과 연결시키면 학생들에게 동기부여를 해주기 쉽기 때문에 제안하는 것입니다. 꿈과 관련 없는 독후활동도 얼마든지 가능하다는 것을 학생들에게 인지시켜줘야 합니다.

이외에도 여러 선생님들의 생각을 더하면 다양한 독후활동 방법을 확보할 수 있습니다. 책을 읽고 학생들에게 단순히 "어떤어떤 독후활동을 해보세요"라고 제시하기보다 여러 가지 독후활동 가운데 한 가지를 선택하고 활동할 수 있도록 장려해주는 게 좋습니다.

자신이 가장 잘할 수 있는 것, 하고 싶은 것을 선택한 학생들은 보다 정성 들여 독후활동에 참여할 것입니다. 특히 꿈과 관련한 독후활동을 하면 보다 신나고 적극적으로 하나의 결과물을 만들어낼 것입니다. 여기에 더해 개인의 독후활동지를 모아 포트폴리오를 만들어 독서활동의 발전 상황을 직접 확인하도록 하면 더욱 효과적입니다.

도서관으로 변신하는 교실

교실에서 책을 읽지 않는 학생들을 효과적으로 지도하기 위해서는 교실 내에서 적절한 독서활동이 필요합니다. 처음에는 강제로 책을 잡았던 학생들이지만, 차츰 글을 읽어나가면서 이야기에 빠져드는 모습을 자주 볼 수 있기 때문입니다.

사고력, 논리력, 어휘력, 창의력 등의 발달을 촉진하는 독서활동의 중요성은 이미 알고 있습니다. 그런데도 여전히 독서에는 전혀 관심 없는 아이들도 있습니다. 그리고 독서활동을 하고 싶어도 선생님이 어떻게 지도해야 할지 난감해하는 경우도 많습니다.

어떻게 하면 학생들이 손에서 책을 놓지 않는다는 수불석권(手不釋卷)의 자세를 갖도록 할 수 있을까요? 이번에는 그 방법을 살펴보겠습니다. 그전에 반드시 기억해야 할 것은, 교사는 학급의 독서 분위기 형성에 초점을 두어야 한다는 사실입니다. 자, 지금부터 교실에서 학생들이 책을 볼 수 있도록 하는 방법에는 어떤 것들이 있는지 하나씩 살펴보도록 하겠습니다.

첫째, 교실이 도서관이라고 여기는 생각의 전환이 필요합니다. 책을 읽고 있는 곳은 어디든 도서관이 됩니다. 따라서 교실에서 책을 읽고 있다면 교실이 바로 도서관입니다. 누구나 알다시피 도서관은 크게 웃고 떠들며 장난치는 공간이 아닙니다. 물론 세상에서 가장 시끄러운 도서관인 유대인의 예시바(yeshiva)는 조금 소란스러울 수 있습니다. 그러나 일반적으로 도서관에서는 다른 사람에게 방해를 주지 않을 정도로 옆 사람과 조용히 이야기하고 행동해야 합니다.

이런 식으로 교실에서 책을 읽는 것이 자연스러워지고, 교실을 도서관으로 생각하도록 지속적으로 안내하며 서로를 배려하는 모습을 보여주면 됩니다. 크게 웃고 떠들고 싶다면, 생활지도 차원에서 교실 밖으로 나가 친구들과 이야기하도록 지도합니다.

둘째, 독서 관련 활동이 지속적으로 이루어지도록 합니다. 아침 독서 시간에는 클래식 음악을 틀어주거나, 학생들이 자신이 읽는 책에 대해 다양한 독후활동을 하며, 독후감에 얽매이지 않고 책의 내용과 자신의 생각을 표현할 수 있도록 해줍니다.

한 예로, 우리 반에서는 매일 '내가 소개하는 책'이라는 주제로 3분 스피치를 진행합니다. 남학생 1명, 여학생 1명이 동시에 발표를 하는데, 매일 진행하다 보니 2주에 한 번씩 자기 차례가 돌아오는 셈입니다. 학생들 중에는 USB에 사진이나 영상 자료 등을 담아와 매체 발표를 하기도 합니다. 읽은 책에 대해 작가, 줄거리, 가장 재미

한 학생이 자신이 경험한 것, 읽은 책에 대해 3분 스피치를 하고 있다.

있었던 부분, 책을 읽으면서 생각난 자신의 경험, 감동적인 부분, 관련 장소 등을 친구들에게 소개하는 식입니다. 이때 단순히 책의 줄거리를 요약해서 발표하지 않도록 주의시킵니다. 그런데도 가끔 줄거리를 요약해오는 학생들에게는 자신의 느낌이나 경험을 이야기할 수 있도록 이렇게 조언해줍니다.

"책의 줄거리는 인터넷을 찾아보면 쉽게 알 수 있어. 선생님과 친구들은 네 이야기를 듣고 싶단다. 책을 읽고 난 뒤의 네 느낌과 경험을 얘기해줄래?"

우리 반에서는 살아 움직이는 학급문고를 운영하기도 합니다. 매달 집에서 친구들과 함께 읽고 싶은 책을 1인당 3권씩 가져와 학급 문고를 만듭니다. 학급의 도서부는 친구들의 책을 도서대출부 대장에 정리하고 책을 관리하는 역할을 합니다. 1인당 2권, 최대 일주일간 대출이 가능하며, 책을 읽고 난 후의 느낌을 붙임종이에 써서 책의 첫 번째 면에 붙여둡니다.

　이런 작은 노력만으로도 학생들은 책을 더 가까이하게 되고, 교실은 우리 반을 위한 작은 도서관이 됩니다. 학생들이 자주 책을 접할 수 있는 환경과 분위기를 만들어주면 어느 순간 아이들 스스로 자연스레 책을 손에 드는 모습을 볼 수 있을 것입니다.

집에서 하는 색다른 독서활동

● ● ● 　학교에서 학부모들과 상담을 해보면 교우관계, 학습문제 등과 함께 주로 많이 이야기하게 되는 부분이 바로 '독서'입니다. 독서는 학습과 분리할 수 없는 활동이기 때문입니다. 아이가 책을 읽지 않는다고 선생님께 하소연하며 그 방법을 묻는 학부모들도 있는데, 이럴 때는 선생님이 학부모에게 구체적으로 가정에서 실천할 수 있는 독서활동을 소개해주면 좋습니다.

　학교와 가정, 그리고 학생의 황금삼각형 구도에서 중요한 한 축인 가정과 연계한 독서는 어떻게 안내해주면 되는지 알아보겠습니다.

　첫째, 집에서 부모와 함께하는 독서토론입니다. 토론이라는 말만 들어도 지레 겁을 먹거나 딱딱하게 여기는 학부모들도 있으니 편하게 '책 이야기'라고 말해도 상관없습니다.

　이는 가족이 한 달에 한 권 같은 책을 읽고 논제에 대해 생각해본 후에 정한 날짜와 시간에 함께 생각했던 내용을 나누는 시간입니다. 아빠는 전체 사회를, 엄마는 찬성 측, 학생은 반대 측에 서서 의견을 이야기하는 것입니다. 천사와 악마 간의 토론을 하는 거죠. 누가 아빠를 설득시키느냐가 승리의 관건인 셈입니다. 이때는 책과 관련된 자료들을 제시하면서 토론에 참여하면 더 효과적일 것입니다.

집에서 '책 이야기'하는 것도 부담된다면, 한 달에 한 번 가족회의 하는 것을 추천해도 좋습니다. 회의라고 해서 특별한 안건이 있는 게 아니라 부모나 학생 각자의 삶을 가족들과 나누는 시간이라고 생각하면 됩니다. 가족회의의 순서를 보면, ① 지난주에 어떻게 지냈는지 이야기하기 ② 지난주 또는 이번 달에 읽은 책들 가운데 한 권 이야기하기 ③ 최근에 내가 들은 이야기들 가운데 가장 재미있었던 이야기 소개하기 ④ 다음 주 또는 다음 달의 계획 이야기하기 등의 순서로 진행하면 됩니다. 식사 후 다과를 하면서 일상에 관한 이야기, 책에 관한 이야기를 하는 것이라 할 수 있습니다.

이와 같이 가족들이 다 같이 모여 책에 대해 짧게라도 이야기할 수 있는 시간을 갖고, 이를 양적, 질적으로 차츰 확대하고 개선시켜 나가는 것이 중요하다고 강조합니다. 이러한 작은 변화가 시작되어 가족토론 문화가 정착되면, 가족독서토론대회에도 참여해 동기부여나 목표의식을 가질 수 있을 것입니다.

실제 제가 지도하고 있는 독서클럽에서 한 6학년 학생의 가정은 다음 주에 진행할 독서토론 주제에 대해 미리 집에서 함께 이야기를 나눕니다. 그러다 보니 그 학생의 입론과 반론의 수준은 상당히

높습니다. 그리고 지금은 2주에 한 번 가족들이 모여 토론하는 것이 즐거운 일상이 되었으며, 가족독서토론대회를 준비하며 방법과 내용을 구체화하고 있다고 합니다.

둘째, 가족독서활동에 함께 참여하는 '토토' 인형을 운영하는 것도 방법입니다. 이 방법은 스마트 교육 관련 연수를 들으면서 어느 강사가 소개해준 데서 아이디어를 얻은 것입니다. 학급의 인형이 각 학생의 가정을 돌면서 학생과 함께 지내는 장면을 사진으로 찍어 학급 누리집에 올리는 것인데, 학생들 간의 소통을 활발하게 하기 위한 그 강사의 학급 운영방식이었습니다.

저는 이 방식을 약간 수정해 우리 교실에서 적용하고 있는데, 우리 반의 인형 이름이 바로 '토토'입니다. 토토란 독서토의토론을 함께하는 인형이라는 뜻입니다. 토토는 우리 반 모든 학생들의 집을 찾아갑니다. 남학생 집과 여학생 집을 번갈아가며 방문해 각각 일주일씩 머무릅니다.

토토가 집으로 찾아오면 학생은 집에 있는 책을 토토에게 소개해 줍니다. 자기가 제일 재미있게 읽은 책을 들고 토토와 인증샷을 찍고, 토토와 함께 책을 읽고 있는 모습, 책과 관련해서 토토와 이야기하는 모습, 책과 관련해 현장학습을 떠난 장소에서 토토와의 인증샷, 서점에서 토토와 인증샷, 도서관에서 토토와 함께 책 읽는 모습은 반드시 올려야 하는 과제입니다. 토토 인형을 통해 반 친구들과 선생님이 해당 학생의 독서 습관, 독서생활 등을 들여다보는 것

독서토의토론을 함께하는 인형인 토토와 지내는 모습을 학급 누리집에 올린 사진. 토토와 함께 공부하고 독후활동하는 모습을 친구들에게 소개하는 방식이다.

입니다.

동료 선생님은 고학년 학생들이 유치해하며 제대로 참여할까 하고 의문을 제기했는데, 걱정과 달리 학생들이 적극적으로 참여해 오히려 우리를 깜짝 놀라게 했습니다. 토토와 생활하는 친구가 누리집에 인증샷을 올리면 반 친구들은 "너희 집에 책 진짜 많다" "나도 그 책 읽었는데 토토도 읽고 있구나" "토토가 우리보다 더 똑똑해지는 거 아냐?" "토토가 오늘은 김유정문학촌에 갔구나" "토토가 서점 나들이 갔네. 나도 저기 가봐야겠다" "도서관에 사람들이 많네. 도서관 참 예쁘다" 등의 반응을 올립니다.

특별한 것은 없지만, 친구들이 토토와 함께 지내는 모습을 보다가 자기 차례가 돌아오면 토토와 지내는 일주일을 재미있게 보내기 위해 책을 고르고 일정을 고민합니다. 저학년의 경우 누리집에 올리는 것이 아직은 힘들 수 있으니 학년 초에 부모님들이 대신 누리집에 올릴 수 있도록 협조를 구해두면 좋습니다. 그리고 고학년의 경우 토토 인형의 정확한 목적은 '독서생활의 공유'임을 명확히 해두면 다른 방향으로 흐르지 않을 것입니다. 물론 인형을 목욕시키는 장면, 토토에게 액세서리와 옷을 입히는 것, 인형에게 애정 표현하는 것은 큰 웃음을 주기도 하지만, 지나치지 않도록 주의시켜야 합니다.

셋째, 책을 싫어하는 아이들을 위해 부모가 제안할 수 있는 독서 활동을 안내합니다. 책에 좀 더 관심을 가졌으면 하는 바람은 모든 부모의 바람입니다. 따라서 적절한 방법을 안내하면 가정에서도 올바른 독서 습관을 갖출 수 있습니다.

한 예로 학급에서 운영 중인 독서상황표를 집에서도 적용합니다. 동화, 과학, 사회, 역사 등으로 분야를 나누고, 책을 읽을 때마다 스티커를 붙여주며, 그 숫자가 어느 정도 모이면 보상을 하는 형식입니다. 그리고 학생들에게 전집을 사주기보다 아이의 흥미와 관심사에 따라 그때그때 관련 책을 1~2권 사주는 것이 옳습니다. 지금은 너무나 관심 있어 하는 주제지만, 시간이 지나면서 누구나 관심 분야는 달라지고 자기가 정말 읽고 싶은 책이 따로 생기기 때문입니다. 그러니 전집보다 서점이나 도서관에 들러 책을 본 다음, 아이가 읽고 싶은 책을 구입해주는 것이 효과적인 독서교육입니다.

책은 베스트셀러보다는 스테디셀러를 중심으로 구입하기를 추천합니다. 스테디셀러는 고전이기도 합니다. 2~3세대에 걸쳐 읽히고 있는 책은 충분히 그만 한 가치가 있기에 오랫동안 사람들에게 사랑받는 것입니다. 따라서 할머니, 할아버지 세대, 그리고 부모님 세대를 거쳐 지금도 출간되고 읽히는 책이라면 아이들에게도 충분히 권할 가치가 있는 책입니다.

책을 싫어하는 아이들에게 중요한 것은 언제 어디서든 책을 접할 수 있게 해주는 것입니다. 화장실이든 침실이든, 거실은 물론 항상 가까이에 책을 두면 됩니다. 달리는 자동차에도 예외는 아닙니다.

차로 이동할 때는 성우가 책을 읽어주는 CD를 틀어주면 됩니다. 오디오북을 통해 전체 이야기를 들을 수도 있지만, 이야기의 일부분만 들을 수도 있습니다. 짧게 들은 이야기는 서로 조합하게 되고, 단 몇 분이었지만 그 내용이 재미있어 앞뒤의 내용에 호기심을 갖게 될 수도 있습니다. 그리고 들은 내용 가운데 모르는 단어가 있다면, 그 단어에 대해 부모님께 묻고 내용에 관심을 갖는 계기가 될 수도 있습니다. 제 경우에는 집에서 아이들에게 동요를 틀어주는 시간만큼 이야기 CD를 자주 틀어줍니다. 이야기와 친해지면 책 읽기가 즐거워지기 때문입니다.

넷째, 가정에서의 독서 분위기 형성을 위한 가족 독서시간을 권해줍니다. 책을 많이 읽는 아이가 공부도 잘하고 성적이 좋다며 아이에게 책 읽기를 권하기보다 부모가 먼저 책 읽는 모습을 보여주고, 독서가 재미있고 지식과 지혜를 키워준다는 것을 느낄 수 있도록 분위기를 형성해주는 것이 중요합니다.

실제로 한 부모는 저녁식사 후 8시가 되면 시계에서 멜로디가 울리게 해두었다고 합니다. 그 시간을 가족 독서시간으로 정했기 때문입니다. 엄마는 설거지를 중단하고, 아빠는 보고 싶은 텔레비전 프로그램 시청을 중단하고, 아이들도 하던 활동을 멈추고 온 가족이 모두 거실로 모입니다. 마치 민방위 훈련 때, 하던 일을 잠시 멈추고 방송에 귀 기울이며 훈련에 집중하는 것처럼 말입니다.

거실에 모인 가족들은 자연스럽게 책을 펼쳐 들고 8시부터 20분간 독서를 합니다. 하루 20분이라도 책 읽는 시간을 지키자는 것이지요. 그런데 처음 10분간 책에 집중하는 것이 힘들지 한번 책에 빠져들면 20분이라는 시간은 금세 지나가고, 8시 20분이 지나도 독서에 몰입하는 경우가 많다고 합니다.

가족 독서시간이 잘 지켜지지 않는 경우, 가까이에 사는 친구들을 8시에 집으로 초대하는 것도 좋습니다. 8시에 친구들이 책을 들고 찾아오면 의무감에서라도 책을 들고 독서를 하게 될 것입니다. 중요한 것은 독서 분위기를 가정에 정착시키기 위한 노력입니다. 날짜를 정해 도서관이나 서점을 방문하는 것도 중요합니다.

그러나 가장 중요한 것은 하루 몇 분이라도 독서의 끈을 놓지 않는 것입니다. 어떤 글이든 계속 읽다 보면 글을 읽는 재미가 생기고, 하루라도 읽지 않으면 왠지 허전하다는 생각이 들기 때문입니다.

가정에서의 독서교육에 대한 아이디어를 제시할 때는 아이의 특성과 학습 성향 등을 고려해 안내하는 것이 중요합니다. 가정에서의 독서교육이 부모의 힘만으로 힘들다면, 주민센터나 지역 도서관의 프로그램에 참여해 성실히 참여하는 것만으로도 충분한 효과를 누릴 수 있습니다.

자녀교육에서 부모는 아이들에게 하고 싶은 말이 많습니다. 이를 하나하나 조목조목 말한다면 아이들은 잔소리만 하는 부모라고 생각할 것입니다. 따라서 독서를 통해 관련 내용에 대해 이야기보따리를 풀어 함께 생각해보는 시간을 갖는 게 좋습니다. 학교와 가정, 그리고 학생의 황금삼각형 구도 속에서 독서교육의 효과는 더욱 커질 것입니다.

삼삼오오, 모둠 프로젝트

●●●　책 읽는 습관이 제대로 잡히지 않은 아이에겐 때로 '과제'를 내주면 그 과제를 해나가는 과정에서 서서히 독서습관이 자리 잡히기도 합니다. 하지만 혼자서 계속 과제를 하다 보면 금세 지치고 포기하게 됩니다. 이럴 때 친구들과 모둠활동을 하면서 과제를 해결할 수 있도록 기회를 만들어줍니다.

과제 중심 활동을 진행하면, 학생들은 주어진 과제를 해결하기 위해 서로 머리를 맞대고 적극적으로 참여합니다. 소그룹일수록 한 사람의 역할은 중요하며, 모둠 전체 과제를 해결하기 위해 각자의 임무에 충실하고자 합니다.

모둠 프로젝트는 말 그대로 책이나 어떤 글을 읽고 모둠별로 선생님이 제시한 토의토론 문제나 글을 읽고 떠오르는 경험, 핵심가치 정의하기, 인상적인 글귀 등을 모둠 스케치북에 정리하는 활동입니다. 기존에는 선생님이 독서활동을 위한 활동지를 학생들에게 제공하고 학생들이 활동지에 답을 쓰는 형식이었다면, 모둠 프로젝트는 활동지를 통해 제시된 문제들에 대한 모두의 의견을 모둠 스케치북에 담아 정리하는 것입니다.

모둠 프로젝트는 주로 미술시간과 연계해 진행합니다. 독서 후 활동으로 물음에 적절히 답하는 것도 중요하지만, 모둠 스케치북을 적절히 잘 꾸미는 것도 중요하기 때문입니다.

미술과 국어시간을 통해 모둠 스케치북이 완성되었다면, 모둠에서 나온 의견을 요약 정리해 모둠별로 발표하는 시간을 갖습니다. 모둠별 발표가 끝난 후에는 교실 벽면에 게시해 갤러리 학습을 하도록 합니다.

자신의 말과 의견을 누군가가 들어주고, 모둠의 대표 의견으로 채택되어 모둠 스케치북에 적히는 것만으로도 학생들은 스스로 인정받았다는 생각을 합니다. 그래서 적극적으로 참여하려 합니다. 그리고 토의토론의 경우 듣고, 말하고, 반론하는 일련의 과정이 시간 지체 없이 진행되지만, 모둠 프로젝트의 경우 여유를 두고 생각하는 시간을 갖게 되니 보다 편안한 분위기에서 이야기한다는 장점이 있습니다. 따라서 독토논 수업을 처음 진행하거나, 계속 진행하는 과정에서 분위기 전환 차원의 수업으로도 적절합니다.

모둠활동을 통해 정리한 독후활동지를 학생이 설명하고 있다.

모둠 스케치북에 반드시 들어가야 할 내용은 선생님이 최소한으로 정

책에서의 핵심가치를 정리해 모둠원들이 이를 활동지에 정리했다.

해줍니다. 예를 들어 토의나 토론 주제를 정해주고 나머지 경험, 인상적인 글귀, 재미있는 그림, 책 표지 꾸미기 등의 내용에 대해서는 자유롭게 꾸미거나 적을 수 있도록 합니다. 스케치북 분량에도 제한을 두지 않아야 합니다. 대신 시간 내에 최소한 한 장은 꾸며서 제출하도록 합니다. 최소한의 학습과제만 제시함으로써 학생들의 창의성이 최대한 발휘되도록 하는 것도 중요합니다. 같은 책을 읽고 서로 바라보는 관점과 생각이 다르고, 같은 과제를 하는데도 디자인과 편집, 그리고 구성을 서로 비교하면서 학생들은 또 한 번 성장을 하게 되는 것입니다.

모둠 과제를 할 때 몇몇 뛰어난 학생들이 모든 과제를 수행하는 '봉 효과'나 과제에 참여하지 않고 소위 '묻혀 시간 때우기' 식의 과제활동을 하는 학생들이 없도록 선생님은 개관 순시하면서 적절한 지도를 해야 합니다. 그리고 필요하다면 일주일 또는 2주일, 혹은 열흘에 한 번씩 모둠 구성원을 바꿔서 모둠활동이 원만하고 적극적으로 이뤄질 수 있도록 준비하는 것이 필요합니다.

책을 읽는 새로운 방법, 전기수

● ● ●　학생들이 책을 읽는 방법을 좀 더 새롭게 할 수 없을까요? 물론 있습니다. 부모님이나 선생님이 책을 읽어줄 수도 있고, 친구가 읽어주는 것도 새로운 방법입니다.

학생들은 대부분 다른 사람이 책을 읽어주면 좋아합니다. 몇몇 재능이 있는 아이들 중에는 친구들에게 책 읽어주는 것을 즐기는 학생들도 있습니다. 따라서 교실에서 모둠을 구성하고 각 모둠별로 '전기수'를 선발하는 겁니다. 전기수란 조선 후기에 청중을 앞에 두고 소설을 구연하던 전문적인 이야기꾼을 말하는데, 당시에는 문자를 읽는 사람이 많지 않아 사람들에게 소설을 낭독해주고 일정한 대가를 받는 사람이었습니다. 물론 지금은 누구나 글을 잘 읽긴 하지만, 책 읽는 재미를 위해 전기수를 뽑는 겁니다.

먼저 학생들 중 책을 맛깔스럽고 흥미롭게 읽어줄 수 있는 친구를 선발하고, 선생님은 모둠의 숫자만큼 책을 준비합니다. 우리 반의 경우 보통 5개 모둠으로 구성하므로 5권의 책을 준비합니다. 책은 주로 1~3학년, 저학년 교과서에 많이 나오는 책을 선정합니다.

전기수들이 모둠을 돌며 친구들에게 책을 읽어주고 있다.

그리고 약 5~10분 정도 안에 한 권을 끝낼 수 있는 분량이 적당합니다.

5개 모둠의 전기수들은 각각 다른 책을 한 권씩 들고 먼저 자기 모둠 친구들에게 책을 읽어줍니다. 전기수로 선발된 학생들은 친구들에게 인정받았다는 생각에 더욱 실감나게 책을 읽으려 애씁니다. 책에 나오는 그림에 대한 설명도 덧붙이고, 1인 2역 혹은 3역을 하며 1인 연극을 하게 됩니다. 선생님은 5~10분 정도 시간이 지난 후, 전기수를 다른 모둠으로 이동시켜 다시 책을 읽어주도록 합니다.

이렇게 전기수들은 5개의 모둠을 모두 돌며 책을 읽어준 후 다시 자기 자리로 돌아옵니다. 이후 선생님은 반 전체 학생들이 읽은 책에 대해 토의토론 활동을 할 수 있도록 합니다. 단, 이때 전기수를 맡은 학생들은 친구들에게 책을 읽어주느라 다른 책을 접하지 못했기 때문에 선생님이 다시 한 번 책을 한 권씩 읽어준 다음 활동을 해야 합니다.

03

독토논 수업
준비하기

독토논 수업 전에 챙겨야 할 것들

토론 수업에서는 수업 중 선생님의 역할보다 수업 전 선생님의 역할이 훨씬 많습니다. 토론 수업을 하려면 선생님이 준비해야 할 것들이 많기 때문입니다. 그럼 토론 수업을 위해 선생님이 준비하고 알아두어야 할 사항들을 알아보도록 합시다.

첫째, 가장 중요한 것은 단연 토의토론 활동지입니다. 무엇에 대해 이야기할 것인지, 즉 토론 소재를 준비해야 합니다. 토론 논제나 토의 내용은 선생님이 먼저 고민한 후 활동지를 작성해야 합니다. 학생들 역시 활동지를 수업 전에 작성합니다. 학생들도 수업 전에 먼저 제시된 문제에 대해 충분히 고민하고 참여하는 것이죠. 따라서 선생님의 활동지가 수업의 중심이 됩니다. 활동지에 담길 내용과 작성법에 대해서는 뒤에서 알아보도록 하겠습니다.

둘째, 토의토론 활동지가 '무엇'에 대한 것이라면, '어떻게' 이야기할 것인지, 즉 토의토론 방법에 대해서도 고민해야 합니다. 무엇을 어떤 유형으로 토론할지 정한다면, 그에 따라 책상 배치도 생각해야 합니다. 몇 명이 참여하고, 나머지 학생들은 어떤 역할을 해야 할지 등도 말이죠. 또한 삼각팻말, 초시계, 활동지, 판정표 등 필요한 준비물도 준비해야 합니다.

셋째, 수업 중 선생님의 역할도 중요합니다. 토론 수업 중 선생님은 적극적으로 참여하지 않는 아이를 독려하며 함께할 수 있도록 지원자의 역할을 해야 합니다.

판정단은 토의토론 수업에서 자칫 참여자가 아닌 관람자로 여겨지는 경향이 있습니다. 따라서 판정표에 근거해 판정단이 중요한 역할을 하는 사람임을 인지시킨 후 메모하고 체크할 수 있도록 의욕을 북돋아줘야 합니다. 그리고 판정에 어려움이 있을 때는 선생님이 직접 돕도록 합니다.

모둠별 토의토론에서 사회자는 선생님의 역할을 대신하는 학생들입니다. 따라서 선생님은 사회자가 어려움에 처했을 때 즉각적으로 도움을 줄 준비를 하고 있어야 합니다. 대화 주제에서 벗어나지 않도록, 학생들이 집중할 수 있도록, 토론이 격앙되지 않도록 사회자를 돕는 역할을 하는 거죠.

넷째, 선생님은 분위기 메이커이자 친구 같은 모습이 필요합니다. 무엇을 하든 분위기 형성이 중요합

학생들은 서로의 생각을 묻고 답하며 모둠별 토의토론에 참여한다.

니다. 선생님이 책을 읽어주며 학생들에게 질문을 던지고 생각을 자극하는 것, 토론 논제를 제시하며 찬성 측과 반대 측을 넘나들며 이런저런 생각을 할 수 있도록 이끌어주는 것 등이 모두 분위기 형성 방법입니다.

또한 토론은 경직된 분위기, 긴장감 넘치는 분위기에서는 자유롭게 자신의 의사를 표현하기 힘듭니다. 따라서 편안한 분위기에서 거침없이, 하지만 예의와 형식을 갖춰 이야기할 수 있도록 도와줘야 합니다. 더불어 모둠원들끼리 서로 활발한 토의토론을 할 수 있도록 모둠세우기 활동에도 세심한 주의가 필요합니다. 선생님과 학생들 간의 래포(Rapport) 형성은 물론이고, 모둠 친구들끼리의 래포 형성에도 관심을 가져야 합니다. 이를 위해 모둠별 게임과 활동을 통해 모둠이 더욱 단합하고 힘을 모을 수 있는 활동이 이뤄져야 합니다.

다섯째, 작은 변화에도 세심한 칭찬을 아끼지 않아야 합니다. 토의토론 수업을 진행하면 평소 말수가 적은 친구들도 자신이 말할 차례에서 한두 마디를 던집니다. 그리고 자기 말에 다른 친구들이 집중하고, 경청하고, 반응하는 모습에서 발표의 재미를 느끼게 됩니다. 즉 토의토론을 통해 자연스럽게 대화로 이끌게 되는 것이죠.

평소 글을 써보라고 하면 뭘 써야 할지만 고민하다 몇 줄 쓰지도 못하고 포기하는 학생들이 있습니다. 이런 학생들에게 토의토론을 끝내고 이야기 나눈 내용을 중심으로 글을 써보라고 하면 이전보다 더 편안하고 적극적으로 쓰게 됩니다. 이것이 바로 토의토론의 힘이기도 합니다. 내 이야기만 쓰다가 주위 친구들의 생각도 쓰는 거죠. 쓸 소재가 풍부해진 겁니다.

이처럼 토의토론 수업을 하다 보면 아이들의 발표 횟수나 말수가 늘어나고, 문장력이 차츰 좋아지는 게 느껴집니다. 이때 선생님은 작은 변화에도 칭찬하면서 토의토론논술 활동에 대한 참여를 높이도록 합니다.

읽기 전 활동 : 책과의 거리를 좁히다

● ● ● 　학생들이 책을 가까이하기 위한 지도 전략 중 하나는 이야기에 친숙해지는 것입니다. 책을 읽는 것은 작가의 스토리에 빠져드는 것을 말합니다. 다시 말해 이야기를 듣고 그 속으로 들어가는 데 흥미가 있다면 자연스럽게 책에 관심을 갖게 될 것입니다. 따라서 무조건 "책을 가까이하라" "책을 읽어라"라고 말하기보다 이야기에 빠지도록 하는 활동을 하는 것이 좋습니다.

　이번에는 이야기를 만들어보고, 기존의 이야기 순서를 맞춰보는 활동들을 안내하고자 합니다. 이러한 활동들은 읽기 전 활동으로 적합하며, 독서토론을 하고 독서논술을 쓰기 전에 책과의 거리를 좁히기 위한 전략 활동입니다.

1) 나도 작가다

　읽기 전 활동으로 먼저 추천할 수 있는 것은 '나도 작가다'라는 활동입니다. 우리 반 교실 한쪽에는 과월호 잡지, 날짜가 지난 신문들이 수북이 쌓여 있습니다. 집에서 버리는 잡지와 신문들을 교실로 가져오도록 한 것입니다. 특히 잡지는 어린이 관련 잡지면 더 좋겠습니다. 이런 자료들은 언제든 독서활동에 도움이 됩니다.

먼저 모둠을 구성하고 모둠별로 잡지와 신문들을 나눠줍니다. 그리고 학생들은 자료 가운데 자신이 마음에 드는 사진을 5장 오립니다. 풍경사진, 인물사진, 사물사진 등 어떤 종류의 사진이어도 상관없습니다. 5장을 오리고 난 후 학생들은 옆에 있는 친구나 다른 모둠의 친구와 사진들을 바꿉니다. 그리고 바꾼 사진 5장을 이용해 이야기를 만들어보는 것입니다.

사진을 바꾸는 이유는 아시겠죠? 만약 사진을 바꾸지 않는다면, 추후에 자신이 만들 스토리에 적합한 사진만 찾아 오릴 것이기 때문입니다. 따라서 전혀 예상하지 못한 사진들을 바탕으로 새로운 이야기를 만드는 것이 중요합니다.

학생들은 5장의 사진들을 4절지 종이에 붙이고 이야기를 만들어 갑니다. 전혀 관련 없는 자료들을 연결 짓는 것을 '강제결합'이라고 합니다. 4절지가 없으면 A4종이 5장을 활용해도 상관없습니다. 그러나 활동을 모두 마친 후, 갤러리 학습을 진행(반 전체 학생들이 친구들의 작품을 감상)하기에는 4절지 한 장에 전체 글을 볼 수 있도록 하는 것이 가장 좋습니다.

학생들이 사진을 이용해 책 만들기 활동을 하는 것도 가능합니다. 북아트를 통해 강제결합 활동을 해도 좋습니다. 이야기를 만든 후에 모둠별로 한 명씩 자신의 이야기를 친구들에게 들려주고,

가장 반응이 좋은 이야기를 선정해서 반 친구들에게 발표하는 시간을 가지면 됩니다.

'나도 작가다'라는 활동을 진행하다 보면 간혹 엽기적인 이야기로 스토리를 구성하는 친구들이 있습니다. 따라서 모든 친구들이 재미있고 교훈을 얻을 수 있는 이야기면 좋겠다는 사전 지도도 필요합니다.

모든 활동을 마친 후에는 4절지 종이를 교실의 한쪽 벽에 붙이고, 친구들이 읽을 수 있도록 진행합니다. 이른바 '갤러리 학습법'을 진행하는 거죠. 갤러리에서 미술작품들을 관람하는 것처럼 친구들의 작품을 읽으며 감상하는 시간을 갖는 것입니다. 잘 쓴 친구에게 스티커를 붙여주는 활동을 하면서 최고의 작품을 뽑아보는 것도 재미있습니다.

2) 책을 예언하라, 지우개 브레인스토밍

'책을 예언하라'는 책을 읽기 전에 하는 것으로, 책 내용에 대해 추측하고 상상해보는 활동입니다.

방법을 살펴보면 대략 이렇습니다. 선생님이 학생들에게 책을 읽어주기 전에 단어카드 25개 정도를 모둠별로 제시합니다. 학생들은 25개의 카드 가운데 선생님이 소개할 책과 관련이 없을 것 같은 단어들을 추려냅니다. 책 제목과 책 표지 등을 단서로 25개의 단어 가운데 관련성이 없을 것 같은 단어를 찾는 거죠.

이 과정에서 학생들은 책 내용을 상상해보고 나름의 이야기를 지어보기도 합니다. 관련 없는 단어 5개를 추린 이유도 들어보면 각양각색이라 참 재미있습니다. 이런 활동은 책 내용에 대한 호기심을 자극하게 됩니다.

또한 이 활동은 모둠활동이 아닌 개인활동으로 해도 됩니다. 선생님은 활동지에 25개 정도의 단어를 제시하고, 학생 본인이 책 내용과 연관 없을 듯한 5개의 단어를 추려보는 것입니다. 그 이유도 덧붙여서 발표해보면 좋습니다. '책을 예언하라'와 같은 활동을 한 후 책을 읽어주면, 학생들은 보다 내용에 집중해서 책 이야기를 듣습니다.

반대로 학생들에게 백지를 준 다음, 책 제목과 표지만 보여주고 책과 관련된 단어들을 최대한 많이 적어보도록 하는 방법도 있습니다. 그런 다음 책에 제시된 단어와 가장 많이 일치하는 학생에게 보상을 해주는 거죠. 이런 활동 역시 모둠별 또는 개인별로 진행할 수 있습니다.

3) 키워드 글짓기

'키워드 글짓기'에 대해서도 살펴보겠습니다. 먼저 선생님은 책의 내용을 미리 파악한 후 책에 등장하는 주요 단어들을 추출합니다. 예를 들어 《길아저씨 손아저씨》라는 책으로 활동을 한다면, '장님, 부모님, 결혼, 지팡이, 친구' 등의 단어를 추출할 수 있습

▶지우개 브레인스토밍 활동지

호랑이	학생	수박	개구쟁이	보름밤
옹기	휘파람	달구지	숨바꼭질	배꼽
멋쟁이	왕자	곰팡이	짱구	주먹코
도망	학교	싸움	할아버지	트럭
도둑	도깨비	웃음소리	선생님	개울

▶키워드 글짓기

다음 7개의 단어를 한 번 이상 사용해 결말이 있는 짧은 동화를 만들어보세요.

보름달	황소	생쥐	동생	열네 번	콩 조각 하나	찌꺼기

니다. 학생들은 선생님이 제시한 단어들을 조합해 결말이 있는 하나의 이야기를 만들어보는 것입니다. 단, 중요한 조건은 제시된 단어들을 최소한 한 번 이상 모두 사용해야 한다는 것입니다.

'키워드 글짓기'를 통해 학생들은 책 내용을 예상해볼 수 있습니다. 또한 작가가 제시된 키워드를 이용해 어떻게 이야기로 풀어나갔을지 궁금해지게 됩니다. 더불어 이야기가 전개될 때 자신의 이야기와 비교해가며 책 내용을 듣게 되는 효과도 있습니다.

이때 선생님은 주요 단어만 제시하고 책에 관한 단서는 그 어떤 것도 일체 제공하지 않아야 합니다. 다시 말해 작가, 표지, 출판사 등에 대해 절대 언급하지 않는 것입니다. 이미 책을 읽은 친구들이 책 내용을 주저리주저리 읊으면서 활동에 방해가 되는 경우도 있기 때문이죠.

학생들이 '키워드 글짓기'로 작성한 것은 모둠에서 친구들끼리 먼저 돌려 읽은 후, 가장 반응이 좋은 글을 반 전체 친구들에게 소개하는 시간을 갖도록 하면 됩니다.

4) 브레인스토밍

모둠에서 책을 읽기 전 책에 등장할 것 같은 단어를 브레인스토밍해봅니다. 책의 표지, 작가, 책 제목 등을 고려해 정해진 시간 안에 최대한 많은 단어를 쓰도록 합니다. 그리고 한 모둠씩 돌아가며 단어를 이야기합니다. 이렇게 마지막까지 이야기할 단어가 남아 있으면 최종 승리 모둠이 되는 것입니다.

브레인스토밍을 반드시 읽기 전 활동으로만 활용할 수 있는 것은 아닙니다. 읽기 후 활동으로도 가능합니다. 책을 읽고 난 후 그 책의 주제 단어나 핵심 키워드를 쓰도록 합니다. 이때는 간단한 이유를 같이 메모하면 좋습니다. 시간을 정해 모둠활동을 하고, 위와 동일한 방식으로 진행하면 좋습니다.

브레인스토밍의 3원칙은 ① 비판 금지 ② 질보다 양 ③ 다른 사람의 아이디어를 참고할 수 있다는 것입니다. 모둠원이 활동할 때는 서로 비판하지 말고, 양에 충실하며, 다른 사람의 의견을 참고해서 또 다른 의견을 낼 수 있음을 확인시켜주면 더욱 활발하고 적극적인 참여를 이끌 수 있습니다.

5) 소품 역할놀이

소품 역할놀이는 읽기 전 활동으로 방법은 간단합니다. 먼저 선생님은 학생들에게 소개할 책에 나오는 소품을 4~5개 정도 준비합니다. 그러면 학생들은 그 소품을 활용해 하나의 의미 있는 이야기를 만들어 연극을 하는 거죠. 이때 선생님이 모둠 수만큼 소품을 준비할 필요는 없습니다. 어떤 소품인지 확인한 후 모둠별로 연습하고, 실제 공연 때는 준비된 소품을 활용하는 방식으로 진행하면 됩니다. 단, 제공된 소품은 모두 최소한 한 번씩 연극에 활용되어야 합니다.

학생들은 대략적인 대본을 짜고, 약 5분가량의 역할놀이를 준비합니다. 키워드 글짓기가 선생님이 주요 단어를 뽑으면 학생들이 이를 활용해 글짓기를 하는 활동이라면, 소품 역할놀이는 책에서 찾은 소품들을 활용해 학생들이 협력해 나름의 이야기를 만들어보는 활동입니다.

예를 들어보겠습니다. 《선생님 몰래》(조성자 글, 좋은책어린이)라는 책이라면 선생님은 빨간 색연필, 시험지, 새 운동화, 휴대폰을 준비합니다. 학생들은 준비된 소품을 두고 모둠별로 이야기를 만들고, 역할을 정해 자신들이 만든 이야기를 바탕으로 짧은 연극을 진행하는 것입니다.

모둠별로 준비한 역할놀이를 다 끝낸 후 선생님은 "여러분이 역할놀이에서 사용한 소품들을 가지고 이 작가는 어떤 이야기를 만들었는지 한번 살펴봅시다"라고 안내합니다. 학생들이 만든 이야기, 고민하고 상상했던 장면들과 작가의 이야기를 비교하면서 학생들은 이야기에 더욱 집중하게 됨을 볼 수 있습니다.

소품 역할놀이는 독서교육과 역할놀이를 접목시킨 프로젝트 수업입니다. 학생들은 실물이 존재하기 때문에 더욱 흥미를 갖고 참여하게 되며, 역할놀이는 독서교육의 준비과정이 되어 이후의 책 이야기에도 높은 몰입도를 나타내게 됩니다.

선생님이 혹시 구하기 힘든 소품이 있다면 그 소품은 카드에 글자로 적어 제시하면 됩니다. '강아지똥' '팥죽' '피자'라고 카드에 적

《레 미제라블》을 읽고 판사, 검사, 변호사의 역할을 나눈 뒤, 어떻게 판결을 하고 어떤 장면을 연출할지 등에 대해 담은 역할놀이를 설명한 활동지.

어두면, 학생들은 직접 강아지똥을 그려서 실제 연극 때 활용하는 적극성을 보일 것입니다. 선생님이 조금만 준비하고 관심을 가지면 학생들은 기대 이상으로 몇 배 더 즐겁고 적극적으로 참여하게 될 것입니다.

6) 이야기 퍼즐

이야기 퍼즐은 먼저 책을 한 권 정해 선생님이 1페이지로 요약합니다. 그리고 1페이지 분량의 글을 5조각으로 적절히 배분해 자릅니다. 만약 한 모둠의 구성원이 4명이라면 4조각으로 나누도록 합니다.

5명으로 구성된 모둠이 있다면, 각 모둠의 1번 학생들은 모두 모여 선생님이 제시한 이야기를 확인합니다. 그리고 2번 학생들 역시 교실 한켠에 모두 모여 선생님이 제시한 이야기를 확인합니다. 같은 방식으로 3번, 4번, 5번 학생들도 번호대로 모여 이야기를 확인합니다. 각각의 이야기는 모두 다르겠지요.

번호별로 다른 이야기를 들은 친구들은 원래의 모둠으로 돌아가 자신의 이야기를 친구들에게 안내합니다. 그리고 모든 친구들의 이야기를 확인한 후 이야기의 순서를 맞추는 것이 이 활동의 최종 목표입니다. 이때 선생님은 학생들에게 종이를 나눠주지 않습니다. 만약 종이를 나눠주면 학생들은 대화가 아닌 종이 맞추기를 통해 이야기 순서를 맞추려 하기 때문입니다.

이 활동은 학생들이 자신이 들은 이야기를 종합하고 정리해 다른 친구들에게 효과적으로 전달하는 데 의미가 있습니다. 토론을 할 때는 상대방의 의견을 종합정리해서 정확한 요점을 파악하는 것이 중요한데, 이런 활동을 통해 훈련할 수 있습니다.

읽기 후 활동 : 책을 깊이 있게, 오래 기억하다

● ● ● 책을 읽고 난 직후 학생들에게 바로 "자, 이제 토론을 해볼까?"라
고 말하면 어떤 반응을 보일까요? 아이들은 지레 겁을 먹거나 부담
감을 가질 게 뻔합니다. 따라서 책을 읽고 책 내용과 관련된 활동을
하면서 자유롭고 편안한 분위기를 형성하는 것이 좋습니다. 이른바
아이스브레이크(Ice Break) 활동이 필요합니다.

분위기 형성을 위한 읽기 후 활동을 몇 가지 소개하고자 합니다.

1) 카드 퀴즈

먼저 카드 퀴즈가 있습니다. 카드 퀴즈는 읽기 후 활동에만 국한
되지 않고 교과 전반에서 활용할 수 있는 학습활동입니다.

선생님은 학생 1인당 A4종이를 한 장씩 나눠줍니다. 학생들은 종
이를 두 번 접은 후 십자 모양으로 잘라 총 4장의 종이를 만듭니다.
그런 다음 각자 종이 앞면에는 책 내용과 관련한 퀴즈를 적고, 뒷면
에는 퀴즈의 정답을 적습니다. 특히 종이 앞면에 퀴즈를 낼 때는 반
드시 출제의 근거가 되는 부분의 쪽수를 적도록 합니다. 친구와 활

동 중에 시시비비를 가려야
할 때는 해당 쪽수를 찾아 쉽
게 해결하기 위해서죠.

　모든 학생들은 자신이 작성
한 카드 4장을 들고 자리에서
일어나 교실을 돌아다닙니다.

두 친구가 서로의 책에 관한 퀴즈를 내고 종이카드를
건네는 모습.

그리고 다른 친구를 만나 서로 퀴즈를 냅니다. 퀴즈를 내서 문제를
맞히면 상대방에게 종이를 건네줍니다. 한 사람과 한 문제를 서로
주고받으면 됩니다. 이 활동의 최종 우승자는 제한된 시간 내에 가
장 많은 종이 카드를 갖고 있는 학생입니다.

　그런데 이 활동을 진행하다 보면 2가지의 문제점이 발생됩니다.
자신이 낸 문제를 아무도 맞히지 못하는 경우와 자신의 카드를 모
두 소진하는 경우입니다.

　먼저 아무도 문제를 맞히지 못하는 경우 대부분 문제 출제 자체
가 잘못된 경우가 많습니다. 따라서 최종 10장의 카드를 가지고
있다고 할지라도 자신의 카드를 2장 가지고 있다면, 점수는 총 10
점이 아니라 자신의 카드 1장당 2배로 감점시켜 10점-4점=총 6점
으로 계산합니다. 즉 친구들이 맞힐 수 있는 문제, 문제의 타당성이
있는 문제를 출제하도록 안내하는 것이 필요합니다.

　그리고 자신의 카드 4장을 모두 소진한 경우도 있습니다. 자신은
문제를 맞히지 못하고 다른 친구에게 카드를 모두 빼앗긴 학생들은

네 번 문제를 내고 나면 종이를 다 소진하게 됩니다. 이때를 대비해 선생님은 예비 카드를 준비해서 그 학생에게 문제를 제시하고 카드를 주도록 합니다.

이러한 활동을 하고 나면, 학생들이 책 내용을 다시 한 번 상기하고 이해하는 시간을 갖게 됩니다. 또한 이후에 진행될 토론을 위해 자유롭고 허용적인 분위기를 만드는 데도 효과적입니다.

2) 메모리 게임

사실 선생님과 함께 책을 읽고 난 후 학생들이 책 내용을 전부 기억할 수는 없습니다. 따라서 주요 등장인물이나 사건 등을 한 번 더 정리해줄 필요가 있습니다. 이때 핵심되는 키워드들을 모아서 게임 형식으로 학생들이 기억할 수 있게 해줄 수 있습니다.

선생님은 책에 등장하는 주요 인물, 주요 사건, 주제, 배경 등 중요한 키워드들을 추출합니다. 그리고 파워포인트 슬라이드 한 장에 하나의 키워드를 입력하는데, 약 25~30개의 슬라이드를 작성합니다. 따라서 총 25~30개의 키워드를 뽑아야 하는 거죠.

학생들은 모둠을 구성한 다음, 선생님이 제시하는 주요 키워드를 확인하고 이를 최대한 기억하도록 노력합니다. 이때는 절대 필기할 수 없으며, 옆 친구와도 이야기할 수 없습니다. 모든 슬라이드를 제시한 후 각 모둠의 1번 학생이 종이에 자신이 기억할 수 있는 단어를 최대한 많이 적습니다. 일정한 시간이 지나면 2번 학생이 1번 학생이 작성한 종이를 넘겨받아 1번 학생이 쓰지 못한 단어를 기억해서 추가로 최대한 많이 적습니다.

1번 학생은 2번 학생에게 종이를 넘겨주면서 엎드립니다. 즉 종이에 키워드를 적는 학생 외에는 모두 엎드린 채 자신의 차례를 기다리는 거죠. 2번 학생이 주요 키워드를 쓰고 3번, 4번, 5번 학생에게 같은 방법으로 넘겨주면 됩니다. 게임이 종료된 후 종이는 모둠을 바꿔 채점하도록 하고, 가장 많은 단어를 생각해낸 팀이 이기게 되는 것입니다. 이때 전혀 연관성 없는 단어들을 쓴 경우는 감점시키는 것도 하나의 방법입니다.

게임이 모두 종료된 후, 선생님은 슬라이드를 하나씩 넘기면서 이 키워드와 책 내용의 연관성에 대해 학생들에게 질문합니다. 그리고 적절한 설명을 덧붙이면서 책 내용을 다시 한 번 기억하고 이해할 수 있는 시간을 갖도록 합니다.

3) 브레인 라이팅

브레인 라이팅(Brain Writing)이란, 토의토론을 진행할 때 모둠 구성원이 각자의 의견을 쪽지나 포스트잇에 써서 발표하고 모둠 활동판에 붙이는 것입니다. 각자 생각한 것을 종이에 쓴다는 의미에서 브레인 라이팅이라고 하는 거죠.

모둠 활동판에 쪽지와 포스트잇을 붙일 때는 자신의 생각과 동일하거나 비슷한 것이 있으면, 이어 붙이거나 한쪽에 분류해 같이 붙

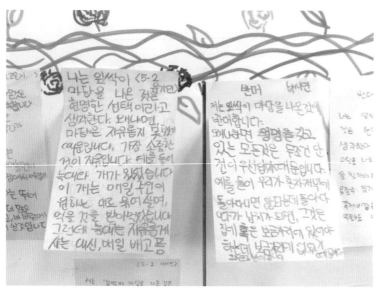

《마당을 나온 암탉》을 읽고 진행한 독토론 수업. 잎싹이 마당을 나온 것은 현명한 선택인가에 대해 자신의 의견을 먼저 논리적으로 작성한 것이다. 초등 과정에서는 생각을 논리적으로 표현한 글을 넓은 범위에서 논술 범주에 포함시킨다.

이는 것이 좋습니다. 또 교실에서 모둠 의견을 발표할 때는 목소리가 큰 친구, 인기 있는 친구의 의견이 대표 의견으로 선택되는 것을 피하고 모두 골고루 생각하고 발표하는 기회를 갖는 것이 필요합니다.

4) 의미 있는 숫자

'의미 있는 숫자' 활동은 말 그대로 책에 나오는 의미 있는 숫자들을 기억해 맞히는 활동입니다. 먼저 책을 읽고 난 후 책에서 찾은 숫자를 3개 정도 적습니다. 예를 들어 책에 등장하는 총 인물의 수, 주인공이 친구에게 준 사탕의 개수, 주인공의 생일, 주인공의 학년, 주인공 생일날 집에 온 아이들의 숫자 등 이야기에서 의미 있는 숫자들을 적는 것입니다.

각자 A4종이 4분의 1 정도 크기의 쪽지에 3개의 숫자를 적은 후 교실을 돌아다니며 만나는 친구들에게 숫자를 보여주고, 자신이 적은 숫자의 의미를 친구가 맞히면 준비한 스티커를 주거나 상대 종이에 이름을 적어주는 활동입니다.

'의미 있는 숫자' 활동은 책의 내용을 줄거리 중심이 아닌 인물이나 사건 중심으로 바라보게 하는 눈을 갖게 합니다. 또한 숫자를 맞히기 위해 내용을 떠올리다 보니 이야기 전반을 다시 한 번 상기시켜줍니다. 그러면서 이야기의 줄거리, 세세한 내용까지도 알 수 있게 해주는 효과가 있습니다.

처음 토론하는 아이들을 위한 준비사항

처음 토론을 접하는 학생들은 입론, 반론, 질문 등의 용어조차도 생소해합니다. 그리고 입론에는 어떤 말을 하고, 반론에는 무엇을 어떻게 말해야 할지 막막해합니다. 교사가 이론적으로 자기주장을 세우고 적절한 근거를 세우는 것이 입론이며, 상대방 주장의 논리 허점을 공격하는 것이 반론이라는 것을 가르쳐봐야 학생들은 여전히 아리송해합니다. 어떻게 하면 보다 실제적이며 쉽게 이해할 수 있을까요?

첫째, 토론 따라잡기 활동입니다. 토론의 처음과 끝 전체를 적은 종이를 부분부분 적절히 나눕니다. 즉 찬성 측 입론에서 이야기할 부분, 반대 측 입론에서 이야기할 부분, 또 찬성 측에서 반론할 때의 이야기 부분, 반대 측에서 반론할 때의 이야기 부분, 찬성 측에서 질문 가능한 내용, 반대 측에서 질문 가능한 내용들을 구분해서 모둠별로 제시합니다.

모둠의 학생들은 여러 장의 종이를 읽고 여섯 부분으로 나눠 분류합니다. 여섯 부분은 ① 찬성 측 입론 ② 반대 측 입론 ③ 찬성 측 질문 ④ 반대 측 질문 ⑤ 찬성 측 반론하기 ⑥ 반대 측 반론하기입니다. 해당 부분에 종이를 분류하고 읽어봄으로써 입론, 질문, 반론의 실제적 토론 형식을 살피게 되는 것이죠. 예를 들어 국어 교과서에 제시된 '홍길동은 처벌해야 한다'라는 논제를 토론하고, 그 내용을 기록한 후 적절히 잘라서 위와 같이 토론 따라잡기 활동을 할 수 있습니다.

둘째, 토론 말하기 규칙카드를 활용하는 것입니다. 토론을 처음 접하는 학생들은 자신의 주장을 어떻게 발표해야 하는지 당황해합니다. 따라서 토론을 할 때 참고할 만한 말하기 규칙카드를 제시하고, 소개된 형식에 맞춰 자신의 주장을 논리적으로 펼 수 있도록 합니다.

내용도 중요하지만 어떤 형식을 갖추는가에 따라 토론의 분위기와 임하는 태도 또한 달라지기 마련입니다. 토론 진행 중에 처음에는 말하기 규칙카드를 보면서 말을 하다가 어느 정도 숙달되면 토론 말하기 형식이 입에 붙어 자연스럽게 말하게 됩니다. 제시된 예시 문장들은 토론이 시작되기 전에 한두 번씩 읽고 상기시키도록 합니다.

마지막으로 학생들에게 실제 또래 친구들의 토론 장면을 보여주는 것도 효과적입니다. 선생님이 원탁 토론, CEDA 토론, 찬반대립 토론에 대해 간략히 설명한 후 영상을 통해 제시하면 학생들은 쉽게 이해할 수 있습니다.

▶토론 말하기 규칙카드

입론 세우기	• 저는 토론자 OOO입니다. 저는 OOO의 생각이 옳다고/옳지 않다고 생각합니다. 왜냐하면 _____이기 때문입니다. 예를 들어 _____. 따라서 _____라고 생각합니다. 이상입니다. • 저는 _____에 대해 찬성합니다. 왜냐하면 _____이기 때문입니다. • _____에 대한 제 생각을 몇 가지로 정리해보면, 첫째는 _____이고, 둘째는 _____이고, 셋째는 _____입니다.
질문 및 반론	• 먼저 OOO 님의 입론 잘 들었습니다. OOO 님께서 _____라고 주장하셨는데, 저는 그 주장의 근거에 문제가 있다고 생각합니다. 왜냐하면 _____이기 때문입니다. • 발표 가운데 _____라고 하셨는데, 구체적으로 무엇을 의미하는지 설명해주십시오. • OOO 님께서 _____라고 주장하셨는데, 그러면 _____문제의 구체적인 해결책은 무엇이라고 생각하십니까? • 만약 _____상황이라면 어떻게 하시겠습니까? • OOO 님께서 _____라고 주장하셨는데, 제가 O가지 질문을 드리겠습니다. 첫째는 _____이고, 둘째는 _____입니다. • OOO 님의 주장 가운데 _____ 부분은 이해가 되지 않습니다. 다시 한 번 요약해서 발표해주십시오. • OOO님께서 _____라고 발표하셨는데, 왜 그렇게 생각하는지 설명해주십시오. • 만약 _____한다면, _____한 문제가 발생할 수도 있습니다. 이럴 경우 어떤 해결 방법이 있을까요?
보충 발표	• OOO 님께서 _____라고 발표하셨는데, 보충해 설명드리겠습니다. • 저도 그렇게 생각합니다. 왜냐하면 _____이기 때문입니다.
답변 및 재반론	• 네, OOO 님께서 _____라고 질문을 하셨는데 말씀드리겠습니다. • 네, OOO 님께서 _____와 같이 반론하셨는데, 저는 OOO 님의 주장에 문제가 있다고 생각합니다. 왜냐하면 _____이기 때문입니다. • OOO 님께서 _____라고 발표하셨는데, 저는 _____라고 생각합니다. 왜냐하면 _____이기 때문입니다. • OOO 님께서 _____라고 반론을 제시하셨는데, 만약 _____한다면 _____한 일이 발생하지 않을까요? 따라서 저는 OOO 님 의견에 반대합니다. • 네, 제가 주장한 _____에 대해 설명드리겠습니다. _____은 _____입니다. 예를 들면 _____을 의미합니다.

최종 입장 발표	• 저는 _____ 문제에 대해 _____라고 생각합니다. 왜냐하면 _____이기 때문입니다. 이에 대한 해결방법으로는 _____라고 생각합니다.
문제 해결	• 제 생각에는 _____하는 것이 좋다고 생각합니다. 왜냐하면 _____이기 때문입니다.
소감 발표	• 토론을 하면서 _____을 느꼈습니다. 또한 _____에 대해 생각해볼 수 있는 기회였습니다. 특별히 OOO 참여자는 _____ 부분이 뛰어났고, OOO 참여자는 _____ 부분이 인상적이었습니다.
판정인	• 오늘 _____라는 논제로 토론을 진행했습니다. 입론에서는 OOO 측의 논리가 돋보였습니다. 특히 _____라는 주장의 논리가 돋보였습니다. 반론 펴기 및 꺾기에서는 OOO 측이 상대측 논리의 허점과 오류를 잘 지적했습니다. 특히 OOO의 주장은 인상적이었습니다. 왜냐하면 _____였기 때문입니다. 찬성 측은 _____ 부분이 참 좋았으며, _____ 부분이 조금 아쉬웠습니다. 반면 반대 측은 _____ 부분이 참 좋았으며, _____ 부분이 조금 아쉬웠습니다. 따라서 오늘의 토론은 _____ 측이 승리했습니다.

이야기를 들려준 후 서로의 생각과 느낌을 나눌 수 있는 활동에는 무엇이 있을까요? 약간의 게임적인 요소를 가미해 즐겁게 참여할 수 있는 독후활동들에 대해 살펴보도록 하겠습니다.

6단논법, 토론의 기본을 배우다

●●● 　책을 읽고 본격적으로 토론에 들어가기 전에 학생들은 자신의 생각과 주장을 세우는 작업이 필요합니다. 자신의 입장에 대해 일목요연하게 근거를 제시하며 입론을 작성하는 것이죠.

　"찬성/반대 측 입장에서 발표할 입론을 작성해보세요"라고 말했을 때 자신의 주장, 그에 따른 근거와 예시, 예상되는 반론 등을 짜임새 있게 작성하는 학생은 그리 많지 않습니다. 특히 토론 수업을 처음 접하는 학생들은 주장과 그에 따른 이유가 대부분 막연합니다. 따라서 논리적으로 입론을 작성하기 위해 학생들에게 6단논법을 소개해주면 효과적입니다. 입론을 쓸 때 자기주장에 힘을 실어주기 위해서는 6가지 요소를 빠짐없이 쓰도록 해야 합니다.

　토론 6단논법은 안건, 결론, 이유, 설명, 반론꺾기, 정리의 총 6단계로 구성되어 있습니다.

　첫 번째 단계, 안건은 토론의 논제입니다. 찬성과 반대로 나눠진 토론의 주제를 뜻하는 거죠. 예를 들어 '심청은 효녀인가?' '체육시간을 늘려야 하는가?' '초등학생의 휴대폰 사용은 옳은가?'와 같이 찬성과 반대로 나눌 수 있는 주제라면 안건이라 할 수 있습니다.

두 번째 단계, 결론입니다. 결론은 안건에 대한 자신의 생각을 명확히 이야기하는 것으로, 두괄식으로 자신의 주장을 먼저 펼치는 것입니다. 예를 들어 '심청은 효녀가 아닙니다' '체육시간은 늘려야 합니다' '초등학생의 스마트폰 사용은 옳지 않습니다'와 같이 안건에 대한 확고한 자신의 의견을 말하는 것이 결론에 해당합니다.

세 번째 단계, 이유입니다. 안건에 대한 자신의 입장을 밝혔다면 그다음에는 이유를 제시해야 합니다. "아버지를 두고 혼자 떠나는 심청이 아버지를 옆에서 돌봐 줄 수 없기 때문입니다. 아버지는 딸과의 이별을 무척 마음 아파할 것입니다" "초등학생의 지나친 스마트폰 사용은 집중력과 사고력 저하로 이어지기 때문입니다"와 같이 결론에 대한 근거를 제시하는 것입니다.

네 번째 단계, 설명입니다. 이유에 대한 보충설명을 하는 거죠. 객관적인 자료, 전문가의 의견, 신문기사 등을 인용해 결론에 대한 이유나 근거에 힘을 싣는 부분입니다. 예를 들어 "스마트폰을 30분 사용하면 스마트폰 사용 시간의 절반인 약 15분가량 잔상이 남는다는 연구 결과가 있습니다. 따라서 스마트폰 사용 후 학습을 하게 되면 잔상효과로 학습능률을 올릴 수 없습니다"처럼 이유에 대한 구체적인 설명과 예시를 제시하는 것이 바로 설명 부분입니다.

다섯 번째 단계, 반론꺾기입니다. 토론에서는 자신의 입장이 옳음을 증명할 여러 자료들을 준비합니다. 그런데 그보다 더 중요한 것은 예상되는 반론에 대한 적절한 의견을 준비하는 것입니다. 예를 들어 "자녀를 걱정하는 부모님에게 휴대폰은 꼭 필요한 물건입니다"라는 반론이 예상되면, 참여자는 "휴대폰의 순기능도 분명 있습니다. 위급한 상황에 연락할 수 있고, 부모님과 자녀가 언제든 연락할 수 있으니까요. 그러나 휴대폰의 사용 실태를 보면 통화 용도보다 게임, 메신저 등 휴대폰 본래의 목적과 다른 용도로 많이 사용하고 있는 것이 문제입니다"라고 반론을 꺾을 수 있도록 준비해야 합니다.

마지막으로 여섯 번째 단계, 정리입니다. 이는 자신의 주장과 상대방의 입장 등을 최종적으로 종합해 정리하는 단계입니다. "초등학생의 스마트폰 사용은 순기능보다 역기능이 더 많이 존재합니다. 휴대폰은 초등학생이 부모님과 연락하고 위급상황 등을 알리는 용도로는 분명 필요하지만, 요즘은 휴대폰이 전화 기능보다는 학습을 방해하고 집중력을 저해하는 장애물이 되고 있습니다. 따라서 게임과 메신저 등 불필요한 요소들이 없는 휴대폰을 사용하는 것이 대안이라고 생각합니다."

이와 같이 6단논법은 자신이 주장하는 데 대해 꼭 포함되어야 할 안건, 결론, 이유, 설명, 반론꺾기, 정리를 말합니다. 이러한 형식에 맞춰 글을 쓰다 보면 자연스럽게 논리적이고 글의 흐름이 매끄럽게 진행됩니다. 그런데 저학년의 경우 6단논법이 부담될 수 있으니 안건, 결론, 이유의 3단논법에 맞춰 쓰게 하는 것이 좋습니다.

학생들이 자기주장을 세우는 입론쓰기를 할 때, 저학년은 3가지, 중·고학년은 6가지를 각 해당 항목에 맞게 적절히 쓰면 매끄러운 입론이 작성됩니다. 입론이 잘 세워져야 반대 측에서도 상대방 주장에 대해 보다 명확히 이해할 수 있습니다. 잘 쓰인 입론을 소개하고, 잘못된 입론에서는 그 이유를 함께 생각해보면 입론 작성은 날로 발전할 것입니다.

이상 3장에서는 독토논 수업에서 읽기 전 활동과 읽기 후 활동에 대해 살펴보았습니다. 또한 수업에 참여하는 학생들이 효과적으로 자신의 주장을 정리하는 6단논법과 발언하는 형식을 익힐 수 있는 '토론 말하기 규칙카드'에 대해서도 알아보았습니다. 이러한 수업을 통해 수업의 주인공은 학생이 되고, 교사는 멋진 조연이 되어야 함을 명심해야 합니다.

하나 덧붙이자면, 다국적 전자제품 제조업체인 소니코리아는 새로운 변화를 꾀하며 '변화경영 프로젝트'를 시작했는데 그 모토가 'IBEST(아이베스트)'라고 합니다. IBEST는 'I(나부터)' 'Base(기본부터)' 'Easy(쉬운 것부터)' 'Small(작은 것도)' 'Today(오늘부터)'라는 의미입니다. 내가 먼저 기본적인 것부터, 쉽고 작은 것부터, 그리고 오늘부터 실천한다는 뜻입니다. 독토논 수업을 준비하고 변화하고자 하는 선생님이라면 이 모토를 꼭 실천했으면 합니다.

함께 읽고, 생각하고, 이야기하며
아이들이 주인공이 되는
독서 토론 논술 수엉

04

함께 즐기며 실력도
쌓는 독서토론

교실에서 할 수 있는 다양한 토의토론

● ● ● 　제가 근무하는 초등학교 5학년 96명에게 "토론 하면 어떤 것이 먼저 떠오르나?"라는 질문을 해봤습니다. 그 결과 약 70퍼센트가 넘는 78명의 학생이 '찬반대립 토론'이라고 답했습니다. 이러한 결과는 성인을 대상으로 해도 비슷하리라 예상됩니다. 그 이유는 TV 프로그램의 대부분이 찬반대립 토론을 채택하고 있기 때문입니다.

　쇼펜하우어는 찬반대립 토론을 "총칼 없는 전쟁"과 같다고 표현했는데, 찬반대립 토론이야말로 긴장감과 박진감 넘치는 토론방식이기 때문입니다. 그런데 찬반대립 토론이 마치 토론의 전부인 양 여겨지는 것은 안타깝습니다. 찬반대립 토론은 수많은 토론방식 중 하나일 뿐입니다.

　토론 수업에는 토론만 진행되는 것이 아닙니다. 모두가 공감하고 협의한 결과 최상의 의견을 선택하는 토의도 포함되어 있습니다. 따라서 가장 적절한 표현은 토의토론 수업일 것입니다. 그래서 학교에서 토의토론 수업에 적용할 다양한 토론 유형을 소개하고자 합니다.

먼저 피라미드 토론이 있습니다. 이집트에 있는 피라미드를 보면, 아래에서 위까지 차츰 면이 좁아집니다. 이런 모양처럼 피라미드 토론이란, 많은 의견들이 토의토론을 거쳐 최종적으로 하나의 의견으로 모아지는 것을 말합니다.

다음은 원탁 토론입니다. 원탁 토론은 토머스 불핀치의 《아서왕과 원탁의 기사》에서 그 유래를 찾을 수 있습니다. 아서왕 시절, 원탁 토론은 '신분제'라는 틀에서 벗어나 모두가 평등한 입장에서 한자리에 모여 자유롭게 이야기할 수 있는 방법이 없을까 고민하다 발견한 방법입니다. 나라의 모든 귀족들을 한자리에 앉히기 위한 방법이었던 거죠. 귀족들은 그동안 권력을 휘두르던 왕의 모습에서 벗어나 자신들의 의견을 경청하고 이해하던 아서왕의 모습에 감탄했고 충성을 맹세합니다. 이로써 아서왕은 통일을 이루었고, 원탁 토론이 세상에 알려지게 되었습니다.

이외에도 선풍기가 돌 듯 모든 학생들이 두 개의 원을 만들어 돌면서 정해진 입장에 따라 이야기하는 선풍기 토론, 토론의 논제를 종이에 작성해 들고 다니면서 친구와 일대일 토론을 하는 운동장 토론 등도 있습니다. 그리고 미국의회식 토론인 CEDA, 두 마음 토론이라 불리는 천사와 악마 토론, 신호등 색깔과 연결 지은 신호등 토론 등도 있습니다.

이번 장에서는 교실에서 직접 실천해볼 수 있는 다양한 토의토론의 방법을 살펴보도록 하겠습니다.

대표 의견을 정해주는 '피라미드 토론'

●●● 　피라미드 토론은 2명 이상이 모여 대표 의견을 정할 때 사용하는 토론 기법입니다. 예를 들어 4명으로 구성된 모둠이 있다면, 모둠원 모두 하나의 논제에 대해 자신의 생각을 포스트잇에 작성합니다. 그리고 2명씩 짝을 지어 어깨짝과 자신의 의견을 나누고, 어떤 생각이 좀 더 설득력 있는지 토론을 펼칩니다. 어깨짝과 토론한 후에는 2개의 의견 가운데 하나를 선정합니다.

　이런 식으로 2개 조로 나눠 토론을 펼치면, 각 조에서 1개씩 총 2개의 의견이 나오게 됩니다. 그러면 그다음에는 4명이 함께 토론을 펼칩니다. 조금 전에 어깨짝과 나눈 의견을 서로 발표하고, 2개의

학생들이 피라미드 토론 활동판에서 모둠 대표 의견을 선정하기 위해 토의, 토론을 하고 있다.

피라미드 토론의 모둠 활동판.

의견 중 하나를 모둠의 대표 의견으로 선정합니다. 이처럼 피라미드 토론은 피라미드 모양처럼 계속해서 토론을 진행하면서 최종 의견을 맨 위에 올려놓는 것입니다.

피라미드 토론은 모든 학생들이 제시된 논제에 대해 자신의 생각을 적어 친구와 토론을 펼친다는 데 의의가 있습니다. 피라미드 토론 시 많이 활용하는 활동판이 있습니다. 맨 밑에는 4개의 칸, 그 위에는 2개의 칸, 그리고 맨 위에는 1개의 칸이 있습니다. 즉 4명이 모둠원이 되어 각자 포스트잇을 적고 붙인 후, 협의를 통해 2개의 의견을 올리고, 한 번 더 토론을 거친 후 최종적으로 대표 의견을 선정하는 것입니다.

자리 이동 없이 진행할 수 있는 '신호등 토론'

●●●　토론 수업을 진행할 때 가장 중요한 것은 바로 '논제'입니다. 논제는 선생님이 제시할 수도 있고, 학생들의 아이디어로 정해질 수도 있습니다. 그런데 책이나 자료를 읽고 논제를 뽑아낼 수 있다는 것은 내용 이해는 물론, 문제에 대해 한 걸음 물러서 비판적 사고를 할 수 있다는 증거가 되기도 합니다. 따라서 내용 확인 후 논제에 대해 함께 고민해보는 것도 토론 수업에서 매우 중요한 부분입니다.

학생들이 논제를 정했다면 손을 들어 발표합니다. 논제를 발표할 때는 그 논제를 정한 이유도 함께 이야기합니다. 친구의 이야기를 들은 나머지 학생들은 '하나 둘 셋' 구호에 따라 자신의 입장을 신호등 색깔에 맞춰 표시합니다. 찬성이라면 녹색, 반대라면 빨간색을 들어 표시하는 거죠.

표지의 경우 나무젓가락에 색지를 붙여 만들기도 하고, 빨간색이나 녹색 종이를 코팅해서 활용할 수도 있습니다. 또한 삼각형 입체면에 한쪽은 이름, 한쪽은 초록색 시트지를, 다른 쪽에는 빨간색 시트지를 붙여 삼각이름표를 만들어 활용할 수도 있습니다. 특히 삼각

신호등 토론을 위한 삼각이름표. 삼면은 각각 이름, 빨간색, 녹색으로 이루어져 있다.

이름표의 경우 자신의 입장을 정한 후 선생님 쪽을 향해 빨간색 또는 초록색을 보여주면, 선생님은 쉽게 학생의 입장을 파악해 수업을 진행할 수 있다는 장점이 있습니다. 학생은 다른 친구가 논제를 발표하면 자신의 입장을 색깔로 표시한 후, 몇몇의 의견을 들어봅니다. 그리고 이에 대한 반론과 지지 의견을 들어볼 수 있습니다. 논제에 대한 학생들의 생각이 찬성과 반대로 적절히 배분된다면 전체의 토론 주제로 정할 수 있습니다.

신호등 토론은 일반적인 교실의 자리 배치에서 활용 가능한 토론 방식입니다. 특별히 자리 이동 없이 진행이 가능하기 때문이죠. 한 논제에 대해 몇 명의 찬반 논쟁과 발표가 끝나면, 다른 학생의 논제를 듣고 동일한 방식으로 수업을 진행하면 됩니다.

신호등 토론은 논제를 정하는 데 있어 가장 많이 활용되는 방식입니다. 만약 신호등 토론을 위한 색깔코팅카드, 삼각이름표 등이 준비되지 않았다면 수신호를 활용해도 됩니다. '이 논제는 괜찮다'라고 생각하면 엄지손가락을 치켜세우는 거죠. 반대로 '이 논제는 그냥 그렇다'라면 엄지손가락을 옆으로 향하게 하면 됩니다.

창의적인 의견을 들을 수 있는 'PMI 토론'

PMI 토론의 P는 Plus(장점, 긍정적인 점), M은 Minus(단점, 고칠 점, 부정적인 점), I는 Interesting(흥미로운 점, 창의적인 점, 재미있는 점)을 의미합니다. 풀이해보면 PMI는 인물이나 사건의 장점, 단점, 흥미로운 점(새로운 점, 기발한 점)을 생각해보는 토론입니다. PM은 비교적 책의 기본적인 내용에서 찾기 쉽지만, I를 찾는 것은 주제와 연관 지어 주인공의 행동과 생각을 면밀히 살펴봐야만 찾을 수 있습니다. 따라서 창의적이고 말 그대로 재미있는 의견이 많이 쏟아집니다.

《아낌없이 주는 나무》를 예로 들어보겠습니다. 이 책에서 나무

PMI 토론에서 학생들이 주어진 주제의 장점, 단점, 흥미로운 점에 대해 토의하고 이를 글로 정리하고 있다.

성격의 장점, 단점, 재미있는 점을 말해봅니다. 헌신적으로 소년을 사랑하고, 자신의 이익을 앞세우지 않고 배려하는 마음이 장점이라면, 소년이 스스로 일어설 수 있도록 돕지 못한 것은 단점으로 여길 수 있습니다. I는 주제 뒤에 숨은 재미있고 흥미로운 점 등을 찾는 창의적인 활동입니다. 나무의 I는 아낌없이 주는 나무지만, 나무는 유독 소년에게만 모든 것을 주고 물질적으로는 소년을 풍요롭게 해주었지만 미래의 비전을 제시해주지 못한 점을 꼽을 수 있습니다.

PMI 토론은 혼자서 먼저 활동지를 작성하고, 옆 친구와 생각을 나눌 수 있으며, 모둠별 활동으로 이어질 수도 있습니다. 학생들이 옆에 있는 짝과 함께 의견을 나누고, 친구의 의견에 좀 더 집중해서 경청할 수 있도록 하기 위해서는 자신의 의견이 아닌 옆 친구의 의견을 발표하게 하는 것도 하나의 방법입니다.

활동지는 3칸으로 나눠 P, M, I를 각각 적게 할 수도 있고, 색깔이 다른 포스트잇 3장을 주고 노란색에는 P, 하늘색에는 M, 연두색에는 I를 적게 해도 됩니다. 이후 선생님이 칠판을 삼등분해 P, M, I로 구분해두면 해당 포스트잇을 붙이도록 하는 활동으로 진행할 수도 있습니다. 이때 선생님은 포스트잇 내용을 하나씩 소개해주면서 학생들과 이야기를 이어나갈 수 있습니다.

▶ PMI 토론 활동지

《아낌없이 주는 나무》에서 나무 성격의 장점, 단점, 재미있는 점을 말해봅시다.

P- Plus (장점, 긍정적인 점)	M- Minus (단점, 고칠 점, 부정적인 점)
1.	1.
2.	2.
3.	3.
4.	4.
5.	5.

I- Interesting (흥미로운 점, 창의적인 점, 재미있는 점)
1.
2.
3.
4.
5.
6.
7.

반론의 힘을 길러주는 '게시판 토론'

토론에서 학생들이 가장 어려움을 호소하는 부분 중 하나는 상대방의 의견을 듣고 즉각적으로 반론할 부분을 찾아 이야기하는 것입니다. 논리적 허점을 재빨리 찾아내 이를 반박할 내용을 생각한다는 것은 쉬운 일이 아닙니다. 그래서 우리 반에는 시간을 두고 학생들이 생각해보고 반박할 수 있는 게시판 토론을 만들어두었습니다.

우리 반 교실 뒤쪽에는 '우리 반의 토론광장'이라는 게시판이 있습니다. 토론 논제는 일주일에 한 번씩 바뀝니다. 국어시간이든 창의적 체험활동 시간을 이용해 토론의 논제를 정하고, 찬성과 반대의 입장에 서서 자신의 의견을 게시판에 씁니다. 찬성은 노란색 붙임딱지에, 반대는 연두색 붙임딱지에 씁니다. 물론 붙임딱지 상단에는 자신의 이름을 씁니다. 기본적인 형식은 "저는 OOO에 찬성합니다. 왜냐하면 ~이기 때문입니다. 예를 들어 또는 만약에……" 정도입니다.

붙임딱지를 게시판에 붙이면, 학생들은 친구들의 의견을 보고 반론을 제기할 수 있습니다. 제기할 때는 분홍색 붙임딱지에 반론을

교실 뒤쪽에 게시된 우리 반의 토론 광장. 게시판 토론을 통해 찬성(노란색), 반대(연두색), 반론(분홍색)이 활발히 진행되고 있다.

쓴 다음, 친구의 붙임딱지 밑에 분홍색 붙임딱지를 붙이면 됩니다. 그러면 반론을 보고 또 반론을 제시할 수 있습니다. 이런 식으로 토론광장의 게시판에는 매주마다 색다른 주제로 열띤 토론이 이루어집니다.

가장 열심히 토론에 참여한 '열심토론자'에게는 보상도 해줍니다. 이런 보상은 적극적인 참여를 유도하기 위해 매우 중요합니다. 더불어 선생님은 열띤 토론이 이루어진 붙임딱지를 떼어 반 전체 학생들에게 안내해주면 학생들에게 긍정적인 자극이 될 것입니다.

모두가 토론의 주인공이 되는 '선풍기 토론'

● ● ●　선풍기 토론은 모든 학생이 토론의 주인공이 되는 토론방식입니다. 교실의 책걸상은 모두 뒤로 밀어버린 후, 학생들은 교실 바닥에 2개의 원을 만들어 앉습니다. 마치 선풍기 모양처럼 2개의 원을 만드는 거죠. 누가 안쪽 원에 들어가고, 누가 바깥쪽 원에 앉는지는 중요하지 않습니다.

원을 만든 후 학생들은 종이와 수첩을 가지고 자리에 앉습니다. 종이와 수첩은 토론 참여자의 필수 준비물입니다. 항상 상대방의 말을 경청하고, 논리상의 허점, 오류, 질문사항을 메모해야 하기 때문입니다. 또한 어느 순간 자신의 머리를 스치는 생각들을 적는 것도 중요합니다.

종이와 수첩을 든 학생들은 논제에 대해 찬성 측, 반대 측 모두의 의견을 메모합니다. 약 3분 정도 자신의 생각과 논리를 간단히 메모하는 시간을 갖습니다. 입장 정리가 끝났으면 안쪽 원은 찬성, 바깥쪽 원은 반대 입장에서 토론하라고 선생님이 안내합니다. 학생들은 메모한 내용을 바탕으로 2명이서 서로 마주 보며 일대일 토론을 진행합니다. 원의 둘레가 좁다면 최대한 넓혀서 서로의 토론이 방해가 되지 않도록 합니다. 또한 목소리 크기도 조절해 지나치게 소란스럽지 않도록 지도합니다.

일대일 토론이 약 2~3분 정도 진행되면 선생님은 종을 치고, 안쪽 원의 친구들만 오른쪽으로 2칸씩 이동시킵니다. 그러면 자연스럽게 모든 학생의 토론 상대가 바뀌게 되는 거죠. 이때 2칸씩 이동하는 이유는 눈치챘나요? 1칸씩 이동할 경우 옆 사람이 이미 내용을 엿들었을 수도 있기 때문입니다. 토론 상대가 바뀐 후, 동일한 입장과 동일한 방식으로 토론을 진행합니다. 아마 처음에 토론했을 때보다 예상되는 반론에도 더 논리적으로 적절히 대응할 수 있는 여유가 생길 것입니다.

이어서 2칸씩 이동해 또다시 토론 상대를 바꾸는데, 이때는 토론 입장을 바꿉니다. 즉 안쪽 원의 학생이 찬성 측이었다면 이제는 반대 측이 되는 거죠. 그리고 바깥쪽 원에 있던 친구는 반대 측에서 찬성 측으로 입장이 바뀌는 겁니다. 다시 말해 이제는 좀 전과는 바뀐 입장에서 토론을 진행하게 됩니다. 2번의 토론을 바탕으로 상대방의 주장과 근거를 파악하고 자신의 생각을 덧붙여 일대일 토론을 진행합니다.

이처럼 2개의 원을 만들어 학생들이 돌면서 토론 상대를 바꾸고 토론 입장을 바꾸면서 토론을 진행합니다. 학생들은 찬성과 반대 측 모두의 입장에서 토론을 해봄으로써 균형 잡힌 시각을 가질

선풍기 토론 장면. 일대일로 주어진 논제에 대해 번갈아가며 이야기하고 있다.

수 있고, 토론을 계속 진행할수록 주장에 대한 근거들이 쌓이게 됩니다.

　사실 선풍기 토론은 승패가 없습니다. 토론 논제에 대해 찬성과 반대로 나눠 이야기를 나누는 데 의의가 있습니다. 대표자 토론을 진행하면 학생들은 모든 사람들이 자신을 주목하는 데 대해 두려움을 느껴 토론에 대해 겁부터 내게 됩니다. 그런데 선풍기 토론으로 진행하면 긴장감 없이 편안하게 친구와 논제에 대해 이야기를 나누게 됩니다. 따라서 언제든 교실에서 쉽게 적용할 수 있는 토론방식입니다.

개인전으로 치르는 '원탁 토론'

원탁 토론은 말 그대로 둥근 원탁에 둘러앉아 이야기를 나누는 토론 유형입니다. 한 명이 토론 논제에 대해 자신의 주장과 생각을 이야기하면, 옆에 앉은 사람들이 한 명씩 돌아가며 주장과 생각에 대해 질문하고 반론을 제기하며 검증하는 시간을 갖는 것입니다.

찬반대립 토론, 천사와 악마, CEDA 방식 토론이 '팀'을 구성해 토론을 하는 방식이라면, 원탁 토론은 개인전 토론이라 할 수 있습니다. 그리고 선생님이 찬성과 반대를 지정해 해당 진영에서 자신의 주장을 펼쳤다면, 원탁 토론에서는 자신이 판단해 옳다고 생각하는 방향에서 토론을 할 수 있습니다.

교실에서 원탁 토론을 진행할 때는 사회자를 포함해 최소 6명에서 최대 13명의 학생들이 토론에 참여합니다. 9명(사회자 1명, 토론자 5명, 판정인 3명)이 참여하는 원탁 토론의 진행 순서는 다음과 같습니다.

먼저 사회자가 토론의 논제를 소개합니다. 그러면 1번 토론자가 논제에 대한 입론을 펼칩니다. 이후 2번, 3번, 4번, 5번 토론자까지

원탁 토론을 진행하는 모습.

1번 토론자의 입론에 대해 질문과 반론을 합니다. 5번 토론자까지 토론했다면 1번 토론자는 종합의견을 짧게 발표합니다. 종합의견이라 함은 토론 전에 미처 생각하지 못했던 부분, 생각의 변화, 문제해결 방안 등을 말합니다.

다음으로 2번 토론자가 입론합니다. 그러면 3번, 4번, 5번, 1번 토론자와 질문 및 반론을 한 후 2번 토론자가 종합의견을 발표합니다. 그리고 3번, 4번, 5번 토론자도 같은 방식으로 토론을 진행합니다. 토론이 끝나면 판정단의 발표 후 각자 토론을 통해 느낀 점을 말합니다.

입론 시간은 2분, 질문 및 반론하는 시간도 2분 정도로 배정하면 5명이 진행할 경우 50분 정도의 시간이 소요됩니다. 2분씩 5명이면 한 명의 토론자가 입론을 하고 질문, 반론을 하는 데 10분이면 충분합니다(2분 입론＋2분 질문과 반론×4명). 따라서 5명이 원탁 토론을 할 경우 50분이 소요됩니다.

천사와 악마 토론, 그리고 모서리 토론

천사와 악마 토론은 논제를 정하고 찬성과 반대로 나눠 토론을 하는 과정에서 중립 입장에 있는 친구를 자신의 주장으로 설득시키는 것이 목표입니다. 5명으로 나눠 토론한다고 하면 2명은 찬성 측, 2명은 반대 측, 1명은 중립 입장이 되는 것입니다. 기존의 토론이 찬성 측과 반대 측으로 나눠 서로의 입론과 주장의 허점을 찾고 반론을 했다면, 중립 입장의 친구를 보며 설득을 하는 거라 좀 더 편안하게 이야기하는 경향이 있습니다.

또한 모서리 토론은 논제에 대해 찬성 측과 반대 측으로 나눈 뒤, 각 모둠의 찬성 측과 반대 측 친구들이 끼리끼리 모여 논제에 대한 주장과 근거 및 자료를 서로 공유하는 시간을 가집니다. 찬성 측은 교실의 한쪽 모서리, 반대 측은 또 다른 교실의 한쪽 모서리에 모여 각자 작성한 입론과 주장을 다른 친구들과 나눕니다. 이때 각자 내용을 작성한 종이를 돌려가며 읽을 수도 있고, 한 명씩 돌아가며 적은 내용을 발표하는 식으로 진행할 수도 있습니다. 즉 모서리 토론은 천사와 악마 토론에서 찬성 측의 최종 승리, 반대 측의 최종 승리를 위한 작전타임 및 아이디어 회의라고 볼 수 있습니다. 그렇다면 천사와 악마 토론의 진행 순서를 정리해보겠습니다.

첫째, 논제를 확인합니다.

둘째, 논제에 대한 찬성 측, 반대 측의 생각을 모두 작성합니다. 이는 균형 잡힌 시각뿐만 아니라 상대편의 입장을 생각해봄으로써 반론이나 질문에 대비하기 위함입니다.

셋째, 선생님은 학생들이 어떤 입장에서 토론할지를 정합니다.

넷째, 찬성 측의 학생들끼리, 반대 측의 학생들끼리 교실 한쪽에 모여 앉아 자신의 생각과 의견을 서로 확인하고 공유하는 모서리 토론을 진행합니다. 이때 자신의 의견에 친구들의 생각을 더함으로써 토론 준비를 하는 것입니다. 그리고 중립 의견인 학생들을 한 자리에 모은 다음, 선생님은 토론을 진행할 때의 유의점을 안내합니다.

"지금부터 너희들은 논제에 대해 어떠한 생각을 가져서도 안 돼. 생각의 백지상태에서 친구들이 이야기하는 내용을 깊이 생각하면서 경청해야 하는 거야. 누구의 생각과 의견이 타당하고 신뢰할 만한지를 판단하는 거지. 어떤 주장이 더 매력적이고 끌리는지, 그 이유는 무엇인지 메모하면서 들어야 해. 너희가 이 토론의 판정단인 셈이야. 따라서 나중에 어떤 주장의 입장에 서게 되면 그 팀이 이기는 게 되는 거야. 본인 생각이 아닌 친구들의 주장을 하나하나 판단하면서 최종 결정을 내리는 게 가장 중요해."

다섯째, 자리로 돌아가 같은 입장에서 토론할 친구와 최종 작전 시간을 가집니다.

　여섯째, 찬성 측부터 중립 입장의 친구를 보며 주장을 펼칩니다. 이때 소요시간은 2~5분 정도로 선생님이 정하면 됩니다.

　일곱째, 이어서 반대 측이 중립 입장의 친구를 보며 주장을 펼칩니다. 소요시간은 찬성 측과 동일하게 적용합니다.

　여덟째, 찬성 측과 반대 측의 주장 펼치기가 끝나고 서로의 주장에 대해 질문하고 반론하는 시간을 갖습니다. 근거가 부족한 주장, 주장이 모호하거나 해결책이 없는 주장, 주장과 관련해 질문이 있는 경우 등에 대해 묻고 답하는 시간입니다. 이때는 중립 측 학생들도 질문을 할 수 있습니다. 자유난상 토론이 이어지는 거죠. 시간은

찬성 측의 학생들끼리 모여서 서로의 생각과 의견을 공유하면서 중립 입장에 있는 친구를 설득하기 위한 전략을 짜고 있다. 이러한 모서리 토론을 통해 충분한 자료와 근거를 확보하게 된다.

5~10분입니다.

아홉째, 찬성 측과 반대 측의 최종 변론을 위한 1분 정도의 작전 타임 후 종합의견을 발표합니다. 오늘 토론을 진행하면서 생각한 것을 더해 자신들의 의견을 마지막으로 피력하는 시간입니다.

마지막으로, 중립 측 친구는 자신의 입장과 그 입장을 결정하게 된 이유를 친구들에게 설명함으로써 토론은 마무리됩니다. 결국 중립 측 학생이 선택한 쪽이 토론의 승리팀이 되는 것입니다.

천사와 악마, 모서리 토론은 친구를 설득시키는 것이 최종 목적입니다. 따라서 친구를 앞에 두고 편안하게 이야기할 수 있습니다. 또한 모서리 토론을 통해 내 주장과 다른 친구의 주장을 공유하며, 짧은 시간이지만 충분한 토론 자료를 확보할 수도 있습니다.

소수의 의견도 존중하는 '나눔 토론'

토론 수업을 진행하다 보면 찬성과 반대로만 나눠 토론하는 경우가 일반적이지만, 다양한 의견이 나오는 경우도 있습니다. 예를 들어 "우리 반 생활규칙을 어떻게 하면 좋을까?"라고 할 때 ① 개인 상벌제 ② 모둠 상벌제 ③ 분단별 상벌제 등이 나올 수 있고, "현장 체험학습은 어디로 가는 게 좋을까?"라는 논제에는 ① 경주 ② 공주, 부여 ③ 부산 ④ 제주도 등과 같이 여러 의견이 제시될 수도 있습니다. 이런 경우 효과적으로 토론할 수 있는 것이 나눔 토론입니다.

나눔은 제시된 의견을 중심으로 나눈다는 의미입니다. 쉽게 설명해 3개의 의견이 제시되었다면 3파트로 나눠 토론이 진행되고, 4개의 의견이 제시되었다면 4파트로 나눠 토론을 진행하는 거죠. 따라서 이때는 교실의 책상을 모두 뒤로 밀고, 각 파트별로 모여 앉아 의견을 선택한 친구들끼리 합당한 근거를 제시하고자 협의합니다. 지금까지 경험해본 결과, 6개 파트가 넘어가면 나눔 토론을 진행하는 데 어려움이 있으니 최대 5개 파트 정도로 나누는 게 좋습니다.

의견이 제시되고 그 의견에 따라 학생들이 모여 서로의 의견을 공유했다면, 그때부터 본격적으로 나눔 토론을 진행합니다. 진행 방법은 원탁 토론 형식으로 진행하는 것이 좋습니다. 5개의 파트가 있다고 한다면 5명의 원탁 토론자가 있다고 생각하면 됩니다. A조에서 입론을 발표하면, 차례로 나머지 B, C, D, E조에서 A조의 의견에 대해 반박하고 질문을 하는 형식입니다. 이어서 B조의 입론 후 나머지 C, D, E, A조가 B조의 의견에 대해 동일하게 반박 및 질문을 합니다.

나눔 토론은 토의를 통해 제시된 많은 의견들 가운데 하나의 의견을 선택할 때 사용하는 토론방식입니다. 흔히 토의를 통해 모아진 의견 중 최종 의견을 선택하기 위해 다수결 방식을 많이 사용하곤 합니다. 하지만 다수결 방식은 시간을 절약하고 쉽게 의사결정을 할 수 있는 장점이 있는 반면, 자칫 소수의 좋은 의견이 묻힐 수 있는 단점도 있습니다. 그런 점에서 모든 의견들을 하나하나 짚어 보는 나눔 토론은 의미가 크다고 할 수 있습니다.

형식과 순서를 따라야 하는 'CEDA 방식 토론'

●●● 　교실에서 CEDA(Cross Examination Debate Association) 방식 토론을 진행할 때는 모둠별로 진행할 수도 있고, 대표자 토론으로 진행할 수도 있습니다. 사회자를 포함해 최소 5명에서 최대 10명 정도가 적당합니다.

　논제를 정하고 찬성과 반대 진영으로 나눠 정해진 순서에 따라 토론을 진행하면 됩니다. 9명이 CEDA 방식 토론을 진행한다고 하

CEDA 방식 토론의 장면.

면 일반적으로 다음과 같이 진행합니다. 1, 2, 3번은 찬성 측, 4, 5, 6번은 반대 측이 됩니다. 즉 사회자 1명, 판정단 3명, 토론자 6명이 되는 거죠.

① 사회자의 인사와 토론 논제 확인

② 1번 토론자의 입론

③ 4번, 5번 토론자의 질문 및 반론

④ 4번 토론자의 입론

⑤ 1번, 2번 토론자의 질문 및 반론

⑥ 1차 작전타임

⑦ 2번 토론자의 입론

⑧ 5번, 6번 토론자의 질문 및 반론

⑨ 5번 토론자의 입론

⑩ 2번, 3번 토론자의 질문 및 반론

⑪ 2차 작전타임

⑫ 3번 토론자의 입론

⑬ 6번, 1번 토론자의 질문 및 반론

⑭ 6번 토론자의 입론

⑮ 3번, 4번 토론자의 질문 및 반론

⑯ 종합의견 발견

⑰ 판정단의 판정

토론자의 입론 2분, 질문 및 반론 3분, 작전타임 2분 정도로 하면, 40분에 CEDA 토론을 진행할 수 있게 됩니다. 물론 소그룹 진행을 하면 토론시간은 좀 더 줄어듭니다. 교실에서 두 그룹으로 나눠 CEDA 토론을 2개 동시에 진행할 수도 있습니다. 이때 사회자는 진행 순서를 정확히 인지해야 하며, 초시계를 이용해 수시로 시간을 확인해야 합니다.

선풍기 토론, 운동장 토론이 약간 자유로운 형식의 토론이라면, CEDA 방식 토론은 형식과 순서가 정확히 있는 아카데믹한 토론입니다. 따라서 여러 토론대회에서 채택해 진행하는 토론형식입니다. 처음에는 순서를 몰라 헤맬 수도 있지만, 차츰 순서와 방식에 익숙해지면 심도 있는 토론을 하는 학생들의 모습을 보게 됩니다.

토론과 역할놀이가 접목된 '법정 토론'

법정 토론은 아카데믹한 토론이지만, 학생들이 진지하고 적극적인 자세로 임할 수 있는 토론입니다. 법정 토론은 말 그대로 법정에서 피고 측과 변호인 측으로 나눠 진행되는 것과 같은 형식의 토론입니다. 학생들은 기존의 찬성과 반대로 나눠 진행되던 토론방식에서 벗어나 원고 측(검사 측)과 피고 측(변호인 측), 판사(판정단), 사건의 핵심인물(피의자), 증인(참고인) 등으로 역할을 나눠 진행하는 점이 흥미롭습니다. 호칭 또한 ○○○ 검사, ○○○ 판사, ○○○ 변호사 등으로 부르기 때문에 학생들이 사뭇 진지한 자세로 임하는 것을 엿볼 수 있습니다.

법정 토론의 논제는 교과에서 찾을 수도 있고, 책에서 찾을 수도 있습니다. 국어과에서 '의적 홍길동이 탐관오리의 재산을 빼앗아 백성들에게 나눠줬는데, 이는 처벌받아야 하는가?'를 두고 재판을 할 수 있습니다. 또한《레 미제라블》에서 장 발장은 빵을 훔쳤다는 이유로 19년형을 선고받는데, 이에 항소해 다시 재판을 연다고 가정하고 법정 공방을 펼칠 수도 있습니다. 즉 교과나 책에서 재판할

법정 토론 장면. 피고인을 중앙에 두고 원고 측에서 심문을 하고 있다. 홍길동에 관한 법정 토론이라면 피고인은 홍길동의 입장에서 질문에 답변한다.

만한 주제를 찾아 진행하는 것이 법정 토론입니다.

법정 토론의 진행방식은 먼저 선생님이 사전에 논제를 제시하는 것부터 시작됩니다. 학생들은 원고(검사 측: 홍길동은 처벌받아야 한다) 입장과 피고(변호인 측: 홍길동은 처벌받지 않아야 한다) 입장을 모두 생각하며 법정 토론을 준비합니다. 그리고 법정이 열리는 당일에 선생님은 학생들의 입장을 확정합니다.

이후 학생들은 준비된 자료를 바탕으로 원고 측끼리, 피고 측끼리 모여 작전회의를 펼칩니다. 검사 측, 변호사 측 모두 적절한 증거 자료, 관련 자료를 준비함과 동시에 피의자(예를 들면 홍길동)에게 던질 질문들을 정리합니다. 또한 누구를 증인으로 세울지 정하고, 미리 선생님께 알립니다. 그러면 선생님은 피의자, 증인 역할을 할 친구들을 정해 사전에 지도하면서 법정에서 개인의 의견이 반영되지 않도록 합니다.

진행 순서를 요약해보면, ① 선생님의 논제 제시 ② 검사 측, 변호사 측의 피라미드 토론을 통한 의견 모음 ③ 검사 측의 피의자, 증인 심문 및 입론 ④ 변호사 측의 피의자, 증인 심문 및 입론 ⑤ 작전회의 ⑥ 검사 측의 2차 피의자, 증인 심문 및 입론 ⑦ 변호사 측의 2차 피의자, 증인 심문 및 입론 ⑧ 최종 변론을 위한 작전시간 ⑨ 변호사 측의 최종 변론 ⑩ 검사 측의 최종 변론 ⑪ 판사들의 질문 및 최종 판결 순입니다.

법정 토론은 토론과 역할놀이가 접목된 활동입니다. 피의자와 증인 역할을 하는 친구들은 충분히 책과 관련 상황에 대해 내용을 파악한 학생들로 구성되어야 합니다. 그리고 검사와 변호사 측 친구들도 서로의 목표가 뚜렷하기에 이를 관철시키기 위해 노력하며, 판사도 양측의 입장을 충분히 경청한 후에 이유와 근거를 제시하며 최종 판결을 내려야 합니다.

법정 토론 장면. 피고인에 대한 질문, 원고 측과 변호인 측의 날선 공방이 이루어진다.

이런 식으로 법정 토론을 하면 학생들은 피의자의 입장에 대해 이해할 수 있는 계기가 되고, 텔레비전에서 보던 법정을 실제로 교실에서 재현하다 보니 흥미롭고 재미있다고 이야기합니다. 법정 토론을 몇 번 진행하고 나면 꿈이 바뀌는 학생들도 있습니다. 내용을 정리하고, 발표하고, 최종 승리를 맛보는 일련의 과정에서 재미를 느끼고 법조인을 꿈꾸는 친구들이 생기는 거죠.

법정 토론 진행 시, 책상 배치는 검사 측과 변호인 측이 서로 마주 보는 형태입니다. 중앙에 판사들은 3~5명 정도 앉아서 양쪽의 의견을 듣고, 판사 맞은편 쪽에는 피의자 및 증인들의 자리를 배치합니다. 참여 인원을 정리해보면, 검사 측 약 8명, 변호사 측 8명, 피의자 1명, 증인은 경우에 따라 없을 수도 있는데 대체로 1~2명, 판사 3~5명으로 구성되어 진행합니다. 법정 토론의 사회는 초기에는 선생님이 진행하다가 차츰 익숙해지면 학생 중 1명을 선발해 진행시켜도 좋습니다.

교실에서 왕따, 생활문제들이 발생했을 때 법정 토론을 진행해도 효과적입니다. 교실에서 뛰어다니는 친구는 처벌해야 하는가를 두고 법정 토론을 벌인 적이 있습니다. 교실에서 흔히 접하는 문제죠. 원고와 피고로 나눠 진행을 하다 보면, 선생님이 말하고 싶은 생활 지도에 대한 이야기를 학생들이 서로 이야기하는 모습을 봅니다. 그리고 이 문제를 해결하기 위한 방법과 처벌 수위도 학생들 스스로 결정하게 됩니다. 소위 학생자치법정을 통해 교실의 작은 사회가 자리 잡아가는 셈이죠.

　법정 토론의 형식과 절차는 그리 중요하지 않습니다. 선생님 나름의 방법과 순서는 교실에서 한번 적용해보면 잡힐 것입니다.

05

수업시간이
즐거워지는 토의토론

운동장에서 자유롭게 진행되는 '운동장 토론'

● ● ● "조금 색다른 토의토론 방법은 없을까?"라는 물음에 여러 가지 활동들을 살펴보다가 떠오른 독토논 활동들을 안내하고자 합니다. 4장에 제시된 토의토론 방식보다 좀 더 역동적이며, 게임적인 요소들이 포함된 활동입니다. 기존의 방법과 달리 방식이 자유롭고 순서도 정해져 있지 않습니다. 또한 교실에서 벗어나 운동장, 체육관, 도서관에서 할 수 있는 프로그램이기도 합니다. 형식과 순서가 비교적 자유로운 활동들이기에 처음 독토논 수업에 참여하는 학생들에게 수업의 재미와 친숙함을 줄 거라 생각합니다.

그럼 먼저 운동장 토론부터 살펴보도록 하겠습니다.

운동장 토론이라고 하면 다소 의아해하는 선생님들이 있습니다. 학생들 역시 토의토론 하면 으레 '교실에 앉아 이야기하는 것'이라는 편견을 갖고 있다가 교실을 떠나 운동장에서 한다고 하면 신나합니다.

생각해보면 학생들이 가장 좋아하는 과목은 '체육'입니다. 설령 체육을 하지 않는다고 해도 운동장이나 야외에 나가는 것만으로도 학생들은 들뜨기 시작합니다. 이처럼 토의토론 수업을 하는 데 약간의 변화만 줘도 학생들의 적극적인 참여를 이끌 수 있습니다. 또한 처음 토의토론 수업에 참여하는 학생들은 '토의토론이 참 재미있구나' 하는 생각을 갖게 됩니다.

자, 그럼 본격적으로 운동장에서 하는 토론에 대해 알아볼까요? 먼저, 운동장 토론을 위해 필요한 준비물은 색상별 붙임딱지 3장, 필기도구, 그리고 책받침용 책입니다. 노란색 붙임딱지에는 친구들과 이야기 나누고 싶은 논제를 적고, 연두색 붙임딱지에는 찬성 측의 의견, 분홍색 붙임딱지에는 반대 측 의견을 적기 위해 준비합니다.

진행 방식은 간단합니다. 학생들이 운동장에서 자유롭게 돌아다니다가 친구를 만나면 가위바위보를 합니다. 그러면 이긴 사람의 논제에 대해 먼저 토론을 합니다. 가위바위보에서 이긴 사람은 자신의 논제, 예를 들어 '초등학생은 학원에 다녀야 하는가'에 대해 말하면, 상대방은 찬성 측 또는 반대 측을 결정합니다. 상대방이 반대 입장에 서면, 논제를 낸 사람은 찬성 입장에 서는 식이죠.

논제 제시와 토론 입장이 결정되면 30초에서 1분 정도 생각할 시간을 갖습니다. "OOO 님, 토론 준비 되셨나요?"라고 물어보면서 서로 토론을 언제쯤 시작할지 조율합니다. 토론은 찬성 측에서 먼저 이야기한 후 자유롭게 난상토론을 이어갑니다.

가위바위보에서 이긴 친구의 논제에 대한 토론이 끝나면, 가위바

운동장 토론 장면. 야외에서 일대일로 만나 서로의 논제를 교환하고 자신의 생각을 이야기하고 있다.

위보에서 진 친구의 논제 제시와 입장 결정, 그리고 토론이 동일한 방식으로 진행됩니다. 서로 토론을 끝낼 때는 인사를 하고 다른 친구와 같은 방법으로 토론을 진행합니다. 한 사람과 토론할 수 있는 최대 시간을 10분 정도로 제한하면 40분 수업에 최소 3명과 토론할 수 있습니다.

이처럼 운동장 토론을 진행하다 보면 놀이터에서 노는 학생들, 한 명과 토론하고 난 후 토론할 친구가 없어 서성이는 학생들이 있습니다. 이런 학생들은 특별토론구역을 만들어 선생님의 지도 아래 토론을 진행시키도록 합니다. 그리고 각 토론마다 종료 시점이 달라 다른 친구들이 기다리게 되는 경우가 있습니다. 이때는 일대일로 토론하는 친구들을 옆에서 참관하도록 합니다. 다른 친구들은 어떻게 토론하는지 지켜보는 것도 충분히 공부가 되기 때문입니다.

토론을 마칠 때쯤 선생님은 학생들을 한자리에 모아 어떤 의견들이 나왔는지 함께 들을 수 있는 자리를 마련합니다. "오늘 토론한 의견 가운데 가장 논리적이고 좋은 의견을 함께 나눠보도록 할게요. 누가 발표해볼까요? 자신의 논제와 친구의 의견을 안내해주세요."

토론했던 내용을 친구들에게 발표하는 시간은 열심히 했던 친구들을 자연스럽게 칭찬하는 시간이 됩니다. 그리고 오늘의 토론 왕을 뽑을 때, 가장 열심히 진지하게 토론에 임했던 친구를 호명하며 칭찬하는 시간을 가진 후 마무리하면 됩니다.

운동장 토론은 자신이 논제를 정했기에 학생들이 보다 적극적으로 참여하게 됩니다. 그리고 장소가 교실이 아닌 운동장으로 바뀌었다는 것만으로도 즐겁게 참여하는 모습을 보입니다. 나란히 걸으면서 이야기를 나누는 학생들, 서로 마주 보며 토론하는 학생들, 운동장에 앉아 함께 한 방향을 바라보며 토론하는 학생들, 둘이 나란히 서서 토론하는 학생들 등 각자 다양한 모습으로 토론하지만, 그 어느 때보다 즐겁고 적극적임을 알 수 있습니다.

또한 선풍기 토론과 달리 넓은 장소에서 흩어져 토론을 함으로써 서로에게 방해가 되지 않는 것도 장점입니다. 그러나 자칫 토론은 뒷전이고 운동장에서 뛰어다니거나 노는 시간이라고 생각해 참여하지 않는 아이들도 있는데, 특별한 지도가 필요합니다. 물론 선생님은 교실에서 미리 운동장 토론 진행방법에 대한 안내와 주의사항들을 충분히 숙지시켜야 합니다. 서로에게 존댓말을 사용하고, 편안한 분위기지만 진지하게 참여하도록 독려하는 것도 선생님의 몫입니다.

논리적 글쓰기를 도와주는 '눈덩이를 던져라'

토론이 진행되는 동안 학생들은 서로 대립했기 때문에 토론이 다 끝난 후에도 다소 어색한 분위기가 연출되기도 합니다. 어쩌면 토론에 적극적으로 참여하고, 자신의 의견으로 설득하기 위해 최선을 다했기에 당연한 결과라고 생각합니다. 하지만 토론은 서로 싸우기만 하는 것이라는 생각에서 벗어나 논리적으로 설득하고 승패를 받아들이는 등 토론을 재미있어 하기도 합니다.

토론에서 대립했다면 이제는 서로 머리를 맞대고 함께 현명한 해결방법을 찾아보는 토의시간을 가졌으면 합니다. 토의활동을 할 때 활용할 수 있는 수업 활동에 대해 살펴보겠습니다.

토의는 최선의 의견을 찾아가는 방법입니다. 따라서 제시된 문제에 대해 다양한 의견이 존재함을 받아들이고, 무엇보다 자신의 생각을 포함해 여러 친구들의 의견을 들어보고 합리적인 판단과 결정을 하는 것이 중요합니다.

이번에 소개할 토의활동은 '눈덩이를 던져라'라는 활동입니다. 종이에 자신이 친구들과 함께 생각해보고 싶은 토의 주제를 쓴 다음 종이를 눈덩이처럼 구깁니다. 그리고 이 구긴 눈덩이를 다른 친구들에게 던집니다. 학생들은 자기 주위에 떨어진 눈덩이를 펼쳐서 종이에 적힌 토의 문제에 대한 자신의 생각을 논리적으로 작성하는 활동입니다.

첫째, '눈덩이를 던져라' 활동을 위해 학생들은 종이 한 장과 연필을 준비합니다. 그리고 종이의 맨 위쪽에 자신의 이름과 함께 생각해보고 싶은 토의 주제를 적습니다. "효과적으로 거절할 수 있는 방법은 무엇일까?" "부모님이 학원을 다니라고 계속 강요하는데 어떻게 하면 좋을까?" "수학 공부를 잘할 수 있는 방법은 없을까?" 등 다양한 주제를 적을 수 있습니다. 독서토론을 했다면 책 내용과 관련한 토의 주제를 적으면 더 좋겠지요. "홍길동은 서민을 도울 다른 방법이 없었을까?" "《양파의 왕따일기》에서 누군가를 왕따시키려고 하는 친구의 말을 적절히 거절할 수 있는 방법은 없을까?"와 같이 적으면 됩니다.

그런 다음 모둠을 구성하고 앉아 있는 상태에서 학생들은 다른 모둠의 원 한가운데로 눈덩이를 던집니다. 이렇게 눈덩이가 서로 오고 간 후, 학생들은 눈덩이 하나를 집어 들고 토의 주제에 대한 자신의 의견을 그 아래에 댓글 형식으로 적습니다. 이때 선생님은 학생들이 장난이 아닌 주장과 근거 예시를 들어 글을 쓰도록 안내해야 합니다. 그리고 다른 친구들의 댓글을 보고 좋은 아이디어라고 생각한다면 별표를 표시함으로써 친구의 의견에 힘을 실어주는

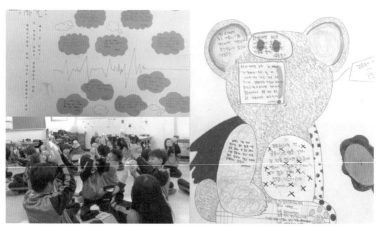

학생들이 종이에 친구들과 토의하고 싶은 주제를 적고 종이를 구기고 있다. 활동을 마치면 모둠별로 활동한 내용을 스케치북에 정리하고 발표한다.

것도 좋습니다.

눈덩이를 펴서 자신의 생각과 의견을 적은 다음에는 다시 눈덩이로 구겨서 다른 모둠의 원 한가운데로 던지기를 반복합니다. 시간이 어느 정도 흐른 후에 주변에 있는 눈덩이를 펴서 주인에게 되돌려줍니다.

학생들은 자신의 토의 주제에 대한 답글들을 확인하고, 여러 친구들과 함께 나누고 싶은 의견을 발표하는 시간을 갖습니다. 또한 마음에 드는 해결책을 제시한 친구를 칭찬하는 시간을 갖는 것도 효과적입니다.

이처럼 '눈덩이를 던져라'를 해보면 각자 토의할 주제를 찾아서 여러 친구들과 적극적으로 활동에 참여하는 모습을 확인할 수 있습니다. 이는 글쓰기 전 단계로도 활용 가능한데, 자신의 생각 외에 다른 친구들의 생각이 정리된 것을 바탕으로 글의 재료로 사용하면 됩니다.

또한 롤링페이퍼 방법으로도 진행이 가능합니다. 자신의 이름과 토의 주제를 쓰는 것은 동일합니다. 단, 종이를 구기지 말고 옆으로 전달하며 글을 쓰면 됩니다.

롤링페이퍼 토의

롤링페이퍼는 흔히 학기말에 많이 하는 교실활동 중 하나입니다. 종이에 자신의 이름과 간단한 소개를 쓰고 한쪽 방향으로 종이를 돌립니다. 친구들은 받은 종이에 적힌 친구 이름을 확인하고 친구에게 하고 싶은 말을 자유롭게 적는데, 이를 롤링페이퍼라고 합니다.

이런 롤링페이퍼를 변형해 토의활동에 적용할 수 있습니다. 이름과 자기소개 대신 이름과 자신의 문제를 적는 것입니다. "수학 공부를 잘할 수 있는 방법은 무엇일까?" "엄마와 게임 문제로 자주 다투게 됩니다. 어떻게 하면 좋을까요?" "학원 수업 때문에 놀 시간이 없어 고민이에요"와 같은 문제들이나 책을 읽고 난 후 함께 생각해보고 싶은 문제들을 써도 됩니다. 예를 들면 이렇습니다. "아낌없이 주는 나무가 소년에게 보다 멋진 멘토가 되어 존경받는 나무가 될 수 있는 방법은 없었을까요?" 《마당을 나온 암탉》에서 잎싹이 마

롤링페이퍼에 자신의 의견을 열심히 적고 있는 학생들.

지막에 족제비의 먹이가 되어주는데, 함께 살아갈 수 있는 방법은 정말 없었을까요?" 롤링페이퍼를 받은 학생은 종이에 제시된 토의 문제에 대해 생각해본 후 자신의 의견을 씁니다.

'눈덩이를 던져라' 활동이 순서 없이 무작위로 종이를 던지고, 펴고, 기록하는, 다소 역동적인 활동이었다면, 롤링페이퍼 토의는 비슷하지만 종이가 흘러가는 순서에 따라 기록하는 약간은 정적인 활동이라 할 수 있습니다. 이때는 학생들이 충분히 생각하고 글을 쓸 수 있도록 사전에 지도하고, 주장에 대한 이유나 근거도 없이 작성하지 않도록 안내해야 합니다.

대중들에게 관심을 갖게 하는 '설문조사 토의'

●●● "사람들은 어떻게 답했을까?"

어떤 문제에 대해 가정 적절한 해결방안을 찾는 토의에서는 정답이 존재합니다. 다시 말해 설문조사 결과가 토의활동의 정답이 되는 거죠. 많은 사람들이 생각하고 공감한 것이 무엇일지 함께 생각해보는 활동이 바로 '설문조사 토의'입니다.

설문조사 토의를 통해서는 역지사지(易地思之)를 배울 수도 있습니다. 노후문제를 해결할 수 있는 적절한 방법을 고민하다 보면 노인의 입장이 되어 생각해보게 됩니다. 아프리카 사람들의 식량문제 해결방안에 대해 생각하면 아프리카 사람들은 물론이고 국제기구에 일하는 사람들에 대해서도 고민할 수 있습니다. 이와 같이 설문조사 토의는 토의 게임이기도 하지만, 이를 통해 주위 사람들에 대해 진지하게 생각해볼 기회를 줍니다.

역지사지의 마음을 알려주고 싶거나 토의 주제를 찾기 쉽지 않을 때, 혹은 토의활동에 보다 즐거운 요소를 더하고 싶다면 설문조사 토의를 하면 좋습니다. 서로의 생각을 조율해서 최상의 답을 도출

해나가는 과정만으로도 학생들은 많은 것들을 배우게 됩니다.

설문조사 토의를 하기 위한 가장 쉬운 방법은 신문이나 포털사이트에서 흔히 볼 수 있는 설문조사 결과를 토대로 토의를 진행하는 것입니다. 만약 초등학생과 관련한 설문조사 결과가 있다면, 4위와 5위의 결과는 공개하고 1~3위 결과는 비공개로 합니다. 그런 다음 모둠별로 학생들이 의견을 내고 그 결과를 맞춰보는 활동입니다.

가장 간단한 질문을 예로 들면, '어린이날 가장 받고 싶은 선물' 1~3위를 모둠별로 토의하는 것입니다. 그런데 중요한 것은 단순히 돈, 게임기, 스마트폰이라고 이야기하는 게 아니라 논리적으로 많은 사람들이 공감할 수 있는 이유를 들어 설명하도록 합니다. 이때 목소리 큰 친구가 모둠의 의견이 되는 경우가 종종 있습니다. 따라서 피라미드 토론 기법, 충분한 토론 진행 후 다수결에 따라 결정하는 방법을 안내하도록 합니다.

설문조사 토의 활동을 위해 선생님은 평소 어린이 신문이나 잡지에 제시된 설문조사 결과를 스크랩해두도록 합니다. 이는 좋은 수업 자료가 됩니다. 또한 학생들이 활동을 마친 후 신뢰도를 높이기 위해 실물화상기나 사진 자료 등으로 설문조사의 출처를 보여주는 것도 효과적입니다.

묻고 답하며 의견차를 이해하는 '독서 빙고'

이야기를 들려준 후 서로의 생각과 느낌을 나눌 수 있는 활동에는 어떤 것들이 있을까요? 약간의 게임적인 요소를 가미해 즐겁게 참여할 수 있는 독후활동으로 독서빙고 활동이 있습니다. 책을 읽고 나면 학생들은 각자 다른 느낌과 생각을 갖게 됩니다. 말 그대로 의견 차이(Opinion Gap Activity)가 발생하는 거죠. 따라서 이를 서로 묻고 말하는 활동을 빙고게임과 접목해서 진행하는 겁니다.

학생들은 A4종이 한 장과 필기도구를 준비합니다. 특별한 준비물 없이 바로 진행 가능합니다. 종이를 반으로 접고, 또 한 번 반으로 접고, 다시 한 번 또 접습니다. 그리고 종이를 폅니다. 총 8칸으로 나눠진 종이가 나오면 맞습니다. 이렇게 8칸으로 나눈 종이에 각 칸마다 다음 3가지를 작성합니다.

첫째, 친구 이름입니다.

둘째, 질문입니다. 질문은 교사가 책의 내용과 특성에 맞게 선정하면 됩니다. 예를 들면 "만약 네가 주인공이었다면 이 경우 어떻게 했을까?" "이후의 이야기는 어떻게 되었을까?" "주인공을 만난다면

선생님이 독서 빙고에 들어갈 내용에 대해 설명하고 있다. 준비물은 종이 한 장이면 충분하다.

해주고 싶은 말이나 질문은 무엇인가?" 등입니다. 그리고 그렇게 답하게 된 간단한 이유도 적으면 좋습니다.

셋째, "이 책에서 내가 교훈으로 삼아야 할 것은 무엇일까?" "책을 통해 내가 배울 점은 무엇인가?"에 대해 적습니다.

3가지를 모두 적은 다음, 학생들은 자리에서 일어나 자유롭게 교실을 돌아다니면서 친구를 만나 선생님이 제시한 질문을 묻고 답합니다. 한 칸에 이름과 2가지 질문에 대한 답을 적었으면, 다른 친구를 만나 동일한 방식으로 질문하고 대답한 내용을 요약해서 적습니다. 이런 식으로 총 8명을 만나 인터뷰를 하고 자기 자리로 돌아오면 됩니다. 8명을 만나 대화하면서 자신도 동일한 답을 하다 보면 자신의 생각과 입장이 정리되는 것을 느낄 수 있습니다.

그런데 이런 진행 방식에는 문제가 있습니다. 간혹 남학생은 남학생끼리, 여학생은 여학생끼리 이야기하는 장면이 목격됩니다. 또 서로 묻고 답하는 게 아니라 친구가 적은 것을 보고 옮겨 적는 학생, 그냥 웃고 떠들고 장난치는 학생도 어렵지 않게 볼 수 있습니다.

이를 방지하기 위해 2가지 규칙을 추가로 안내합니다. 첫째, 8명의 친구를 만나되 4명은 남학생, 4명은 여학생을 만나고 돌아와야 합니다. 둘째, 반드시 친구와 만나 대화하고 관련 내용을 요약, 정리합니다. 또한 지나치게 큰 목소리를 내거나 너무 떠들어서 옆 친구에게 방해를 주지 않아야 합니다.

학생들이 8명의 친구를 만나고 모두 자리로 돌아오면 빙고 왕을 선발합니다. 빙고 왕 선발 방법은 간단합니다. 빙고 왕이 되는 기준은 8개의 칸 가운데, 앞으로 빙고 대상자가 되어 교실 앞으로 나올 친구의 이름이 내 빙고카드에 5명 체크되면 빙고입니다. 가로, 세로, 대각선 등 위치와 상관없이 8명 중 5명이 빙고카드에 있으면 무조건 빙고라고 외치면 됩니다.

먼저 첫 번째 빙고 대상자는 교사가 안내합니다. 물론 교사도 활동 중에 개관순시 하면서 1~2명 학생의 생각을 기억해둬야 합니다.

"이 친구는 책을 통해 장애인을 좀 더 배려하고 존중해야 한다는 것을 배웠다고 합니다. 그리고 주인공처럼 앞을 보지 못하는 상황

▶ 독서 빙고 활동지

이름 : 이어질 내용 : 이 책에서 얻은 교훈 :	이름 : 이어질 내용 : 이 책에서 얻은 교훈 :	이름 : 이어질 내용 : 이 책에서 얻은 교훈 :
이름 : 이어질 내용 : 이 책에서 얻은 교훈 :	이름 : 이어질 내용 : 이 책에서 얻은 교훈 :	이름 : 이어질 내용 : 이 책에서 얻은 교훈 :
이름 : 이어질 내용 : 이 책에서 얻은 교훈 :	이름 : 이어질 내용 : 이 책에서 얻은 교훈 :	이름 : 이어질 내용 : 이 책에서 얻은 교훈 :

에 처해진다면, 많이 우울해서 슬프겠지만 서로 의지할 친구를 찾고 새로운 목표를 향해 도전할 것 같다고 합니다. 이 친구의 이름은 OOO입니다." 이렇게 이야기한 후 그 학생을 교실 앞으로 초대하면 됩니다.

소개할 때는 학생의 이름을 반드시 맨 마지막에 안내하도록 합니다. 만약 이름을 맨 처음에 이야기한다면 학생들은 친구가 어떤 말을 했는지에 관심은 없고, 오로지 자신이 그 친구와 인터뷰를 했는지에만 관심을 두고 빙고카드만 들여다볼 것이기 때문이죠.

교사가 처음으로 A라는 학생을 빙고 대상자로 지목했고, A가 빙고카드에 있다면 동그라미를 그리며 확인하면 됩니다. 그리고 A는 자신의 빙고카드를 들고 나와서 자신이 만난 8명 중에 한 명을 선생님이 소개한 방식과 동일하게 발표하면 됩니다. 이와 같은 방식으로 진행하다 보면 빙고 왕이 탄생하게 됩니다. 빙고 왕은 5~6명 정도를 선발하고 보상하면 됩니다.

이 활동은 토의토론의 전 단계에 적합한 활동으로, 자유롭고 허용적인 분위기 속에서 자신의 의견을 이야기하도록 하기 위함입니다.

"선생님, 독토논 수업이 이렇게 재밌는지 몰랐어요."
"독서토론을 통해 책과 더 친해지고, 책에 관심을 갖게 되었어요."

"예전에는 토론이 말로 싸우는 거라고 생각했는데, 친구들의 의견도 듣고 더 많이 생각하는 기회를 갖게 되는 참 즐거운 활동인 것 같아요."

"독토논 수업을 진행했던 책은 시간이 지나도 생생히 기억에 남는 책이 되었어요."

1년 동안 독토논을 해본 학생들의 반응입니다. 예상했던 것보다 학생들의 반응은 폭발적이었습니다. 학년 초에 거부감을 갖고 다소 힘들어하던 모습은 온데간데없고, 이제는 어떤 방식의 토론을 하자거나 어떤 논제로 토론을 해보자고 먼저 의견을 말하는 학생들이 되었습니다.

학부모 만족도 조사 결과에서 한 학부모는 "독서토론논술 수업을 통해 어느 것 하나 허투루 보지 않고 호기심을 갖고 살피며 탐구하는 태도가 생겼다"라고 이야기하는가 하면, "아이가 토론하는 걸 즐긴다. 사회문제에 대해 부모의 의견을 묻고, 자신의 생각을 말하고 적절한 근거를 제시하는 모습이 기특하다"라며 만족도를 나타내는 어머니도 있었습니다.

이처럼 독토논 수업은 학생들을 달라지게 하고, 부모와 학생 모두가 만족하며, 놀라운 효과를 발휘하는 수업입니다. 사실 아이들은 조금만 자극해도 그 자극보다 훨씬 더 많이 바뀝니다. 선생님의 작은 노력이 학생의 인생을 180도 바꿀 수도 있다는 뜻입니다. 선생님의 작은 노력, 즉 어떻게 준비하면 좋을지, 교사는 어떤 역할을 해야 할지 다음 장에서 구체적으로 살펴보도록 하겠습니다.

함께 읽고, 생각하고, 이야기하며
아이들이 주인공이 되는
독서 토론 논술 수업

06

독토논 수업을
준비하는 선생님들에게

미리 체크하고 준비하세요

● ● ● **3월 학부모총회, 책 목록 안내**

"도서관에 책이 2권밖에 없어요."

"선생님, 그 책 없어요."

"도서관에서 독서토론할 책이 대출 중이래요."

독서토론을 진행하려고 책을 선정하고 난 후 학생들의 반응들입니다. 함께 같은 책을 읽고 토의토론을 진행하려고 할 때 가장 먼저 부딪히는 장애물은 '학생들이 토론할 책을 가지고 있지 않다는 것'입니다.

3월 학부모총회와 공개수업이야말로 기회라고 생각합니다. 거의 대부분의 부모가 학교를 찾아 새롭게 새학년을 시작하는 자녀의 모습을 살펴봅니다. 또한 담임 선생님의 교육관에 대해서도 관심 있게 살피게 됩니다.

이때 선생님은 학부모들에게 독서교육을 강조하며, 1년 동안 함께 읽고 독서활동을 진행할 책 목록을 안내합니다. 1년 동안 수업에 자주 활용될 책 9권(3월~7월, 9월~12월 월 1권씩 기준) 정도를 선정하고 목록을 정리해서 가정통신문의 형태로 안내하는 것입니다.

물론 가정형편에 따라 책 한 권 사기도 힘들다고 한다면, 학급과 도서관에서 9권의 책을 미리 대출해서 읽도록 하는 방법도 안내합니다. 또한 학급비를 활용해 구입한 학급문고를 이용해 책을 읽을 수 있다고 안내합니다. 그런데 가급적이면 여러 번 읽고, 자신의 생각과 의견을 여백에 메모할 수 있으며, 시간에 구애받지 않고 책을 읽을 수 있도록 사주는 것을 권장합니다.

"선생님 9권이면 너무 적지 않나요?" "한 달에 한 권이면 적은 듯하네요." 이런 답변들이 들려옵니다. 물론 한 달에 한 권이면 적은 양입니다. 하지만 독서토론을 진행하고 한 권의 책을 읽으면서 읽고 싶은 책을 발견하는 것이 중요합니다. 그 책은 학생들이 발견할 수도 있고, 선생님이 발견할 수도 있습니다. 또한 사회적으로 이슈가 되고 있는 문제를 한번 생각해볼 수 있는 책들을 선정해서 읽을 수도 있겠지요.

한 달에 2권 정도 독서토론을 한다면 한 권은 선생님이 정한 책, 다른 한 권은 학생들의 의견을 수렴해서 책을 정하는 것도 좋습니다. 학생들이 책을 구입하지 않더라도 선생님이 읽어줄 수 있는 분량의 양질 도서들도 많이 있습니다. 따라서 수업시간에 10~15분을 할애해서 책을 읽어주고 함께 생각해볼 수도 있습니다.

책 선정은 어떻게 할까

그렇다면 선생님이 책을 선정할 때는 어떤 기준으로 하면 좋을까요?

첫째, 교과서와 연계된 도서를 선정할 수 있습니다. 읽기나 듣기 말하기쓰기 책에 제시된 작품 중에서 조금 심도 있게 이야기를 나눠보고 싶은 책이 있다면 선정할 수 있을 겁니다.

둘째, 매년 학급 경영을 하면서 부딪히는 문제들을 슬기롭게 해결할 수 있는 책을 선정할 수도 있습니다. 지인인 선생님 중 한 분은 왕따와 학교 폭력 등으로 매년 스트레스를 받으셨습니다. 그래서 늘 아침마다 친구들과 사이좋게 지내야 한다, 배려하는 삶을 살아야 한다 등의 훈화를 하셨지요. 그런데 스토리가 있는 책으로 관련 내용을 교육해보니 아이들이 더 많이 공감하고, 한번 더 생각하는 모습을 발견하게 되었다고 합니다.

독서토론을 통해 학생 스스로 책이 제시하는 도덕적 가치에 대해 생각해보는 기회를 갖게 된 것이죠. 무언가를 가르치는 것이 아니라 무언가를 생각해보게 하는 소재를 던진 것입니다. 따라서 선생님이 학생들에게 꼭 전달해주고 싶은 도덕적 가치를 담고 있는 책을 골라 토의, 토론을 하면 좋겠습니다. 책 선정 시 학생들이 좋아하는 책도 중요한 기준이겠지만, 선생님도 관심 있고 읽고 싶은 책이어야 합니다. 그래야 선생님도 책과 관련한 활동을 적극적으로 지도하게 될 것입니다.

책 선정에 대해 안내하면 "그럼 그 책들을 다 읽어야 하나요?"라고 질문하는 경우가 많습니다. 저 역시 어린이책을 많이 읽지만 모든 책을 다 읽을 수는 없습니다. 학교 어린이도서관을 방문하면 어린이책들을 안내해둔 책이 있습니다. 이른바 책 속의 책인 셈인데, 그런 책을 활용하면 됩니다. 책의 주제나 저자, 핵심 가치 등을 안내해놓은 책들도 많이 있습니다.

제 경우 '학교폭력, 왕따를 다룬 책, 꿈을 향해 도전하는 자기계발 도서, 절제, 배려, 정직, 용서, 효'를 다룬 도서를 우선적으로 선정합니다. 물론 학년에 따라 선정하는 책이 달라지지만 전달하고자 하는 가치는 변함없는 것 같습니다.

살아 있는 학급문고

일반적으로 학급문고를 운영한다고 하면, 학년 초에 함께 읽을 책을 몇 권씩 가져오게 해서 학급 책장에 꽂아두는 경우가 많습니다. 아이들도 처음에는 관심을 갖지만, 몇 주 지나고 나면 학급문고가 있는지조차 관심을 두지 않게 됩니다.

학생들이 가장 책을 많이 읽을 수 있는 곳은 학교입니다. 쉬는 시간, 점심시간, 가끔씩 주어지는 자율학습시간 등. 따라서 도서관에 있는 책보다 더 가까이에 있는 학급문고에 있는 책이 늘 변화되고 살아 움직이는 것이 중요합니다.

우리 반의 경우 매달 1일은 학급문고를 1인당 3권씩 가져오는 날입니다. 그리고 자신의 책에는 이름을 쓰고 책 첫 장에 이 책을 추천하는 이유를 한두 문장 정도 쓰도록 합니다. 또한 3권의 책 분야는 모두 달라야 합니다. 만화책은 제외지만, 선생님의 심의를 거친 만화책은 인정될 수 있습니다.

학급문고는 절대 집으로 가져갈 수 없으며, 도서 담당 학생은 매일 책 권수를 확인해서 책을 관리합니다. 매달 1일 가져온 학급문고는 한 달간 학급문고에 비치되며, 매달 말일에 각자 집으로 가져갑니다.

학급문고가 항상 바뀌니 학생들은 자연스레 이번 달에는 어떤 책이 들어왔는지 관심을 갖게 됩니다. 또한 자신이 가져온 책에 친구들이 책을 읽고 첫 페이지에 한 줄 느낌을 써둔 것을 기다리기도 합니다. 집에서는 방치된 책이지만, 친구들이 읽고 재미있다고 피드백해줌으로써 자기 책을 다시 들여다보는 계기가 되기도 합니다.

학급문고를 운영할 때는 책 분실과 낙서 등이 우려되는데, '책은 또 한 분의 선생님이다'라고 강조하며 함부로 대하지 않도록 지도하도록 합니다.

반짝반짝 빛나는 독서교육 아이디어

●●●   선생님의 설명을 잘 이해하지 못하는 학생들, 학습적 노력은 충분한데 성적이 기대만큼 나오지 않는 학생들의 특징은 바로 독서력 부족에서 그 원인을 찾을 수 있습니다.

학교 차원에서 개최하는 독서 관련 행사, 학급에서 선생님들이 꾸준히 실시하는 독서활동, 토론학습, 독서 퀴즈 등과 더불어 활용할 수 있는 독서교육에 대한 아이디어를 안내하겠습니다.

첫째, 다매체 토의토론입니다. 일반적으로 토의토론의 논제를 교과서나 책에서 발췌했다면, 이제는 신문, 영화, 연극, 뉴스 등에서 토의 주제나 토론의 주제를 추출하는 것입니다. 기존의 문자를 통해 어떤 내용을 전달받았다면, 영상이나 실제 공연 등을 통해 생각해볼 문제를 찾고 함께 이야기를 나눠보는 것입니다. 단순히 한번 보고 흘려보낼 게 아니라 자신의 관점에서 어떤 느낌과 생각이 드는지 직접 말해봄으로써 정리하는 기회를 갖는 것입니다. 또한 기존 교과서와 책을 잠시 떠나 나들이 나온 기분이라 새롭고 즐겁게 참여할 수 있습니다.

둘째, 독서통장을 운영합니다. 독서통장이 학교 차원에서 운영되는 경우와 그렇지 않은 경우가 있습니다. 학교 차원의 독서통장 제도가 없다면, 학급 차원에서 운영하고 이를 학급 도서부장이 관리하도록 합니다. 학생들은 책을 읽고 지정된 종이(도서쪽지)에 책을 읽고 난 후의 느낌과 인상적인 구절을 3~4문장 정도로 작성합니다. 도서부장은 도서쪽지를 확인하고 준비된 상자에 넣습니다. 그리고 독서통장에 내용을 기록하고 도장을 찍어줍니다. 이렇게 한 달을 기준으로 독서통장에 가장 많이 책을 적립한 학생을 보상합니다. 즉 독서통장 시스템은 은행의 통장제도와 흡사합니다. 또한 도서쪽지를 넣은 상자에서 선생님이 도서쪽지를 몇 장 추첨해서 보상을 할 수도 있습니다.

셋째, 학급 누리집 운영입니다. 누리집을 운영하는 데는 여러 가지 목적이 있지만, 그중의 하나는 학생들의 생각을 자유롭게 공유하기 위함입니다. 따라서 누리집 메뉴 가운데 토의토론 게시판을 개설합니다. 선생님이 토론 논제를 올리면 학생들이 논제에 대한 자신의 의견을 게재합니다. 의견의 반론은 댓글로, 새로운 의견은 새글로 올립니다. 글을 올릴 때는 아무리 짧은 글이라 할지라도 최대한 서론-본론-결론의 형식을 갖추도록 지도합니다.

사이버 토론 진행 시에는 기간을 정하고 판정단도 선발합니다. 즉 누가 더 합리적이고 객관적인 자료를 제시하며, 설득력 있게 글을 올리고, 많은 사람의 공감을 얻었는지 판정단이 판결합니다. 사이버 토론의 장점은 시간적인 여유를 갖고 친구들의 글을 읽을 수 있고, 글과 관련한 다른 자료들을 찾아 읽을 수 있다는 것입니다. 또한 자신의 주장을 뒷받침하기 위한 영상, 신문기사 등을 링크할 수 있는 장점도 있습니다. 사이버 토론 시, 교사는 글을 게재할 때 다른 사람의 글을 참고했다면 출처를 밝히는 저작권 교육도 더불어 실시해야 합니다.

넷째, 학생들이 모둠을 구성해 프로젝트 학습으로 현장학습 책자를 만드는 것입니다. 학교 현장학습이 계획되어 있다면 방문할 곳에 대한 사전조사를 실시합니다. 학교에서 선생님들이 소책자를 만들어 제공하는 것이 일반적인데, 이 경우는 현장학습 책자를 학생 스스로 만들어보는 프로젝트 학습을 실시하는 것입니다. 단, 학교에서 정해진 여정은 제공해야겠지요.

학생들은 방문할 곳에 대한 자료 조사, 정리를 통해 현장학습을 떠나기 전 이미 관련 내용을 숙지하게 됩니다. 그리고 현장체험 학습날에는 사전에 책자를 만들며 알게 된 내용과 현장에서의 느낀 점, 또 현장에서 가이드를 통해 알게 된 지식 등을 더해 골든벨 프로그램을 진행할 수도 있습니다. 보통 레크레이션이나 게임활동들을 많이 하지만, 현장학습 때 현장학습 내용을 토대로 진행되는 골든벨도 의미 있고 즐거울 것입니다.

다섯째, 국어 단어장을 만드는 것입니다. '불광불급(不狂不及)', 즉 미치지 않고서는 다다를 수 없다는 말입니다. 책 내용에 대해 깊이 있게 이해하고, 충분히 즐기기 위해서는 모르는 단어도 찾아 정리하며 내용을 완벽히 이해하려 노력해야 합니다. 학생들은 '단어장' 하면 흔히 영어 단어장만을 많이 떠올립니다. 영어책을 읽다가 모르는 단어가 나오면 검색해서 의미를 찾아보는데, 국어 단어의 의미를 아는 데는 조금 소홀한 듯합니다. 국어 단어도 찾아 정리하고, 이를 생활 속에서 가급적 활용해서 말하도록 하는 것이 좋습니다. 어휘력이 하나하나 늘어갈 때, 책이 더욱 재미있고 문장력도 길러지게 됩니다.

마지막으로 책과 관련한 게임활동들(독서 스피드 퀴즈, 독서 퍼즐, 독서 연극)을 하는 것입니다. ① 독서 스피드 퀴즈입니다. A4종이에 책의 주요 키워드를 적습니다. 모둠 대표 한 명이 나와 뒤쪽의 키워드를 확인하고 모둠원들에게 이를 설명해서 맞히도록 하는 것입니다. ② 독서 퍼즐입니다. 책을 읽고 가장 인상적인 부분을 그림으로 그린 다음 8~10조각으로 자릅니다. 조각으로 자르기 전 완성된 그림을 사진으로 찍어두는 것도 좋습니다. 그리고 이 조각 퍼즐을 다른 모둠의 친구들이 맞히는 활동입니다. ③ 독서 연극입니다. 책을 읽다가 가장 인상적인 부분을 골라 모둠별로 5분 분량의 연극 대본을 작성합니다. 때로는 대본 없이 즉석에서 상황에 맞는 말을 하며 연극을 준비해도 무방합니다. 작성된 대본을 바탕으로 모둠에서 연습 후 전체 학생들 앞에서 발표하는 것입니다. 왜 이 부분을 준비했는지, 준비하면서 그 인물의 입장이 되어보니 어떤 생각이 들었는지 등을 발표하면 더욱 의미 있는 활동이 될 것입니다.

말콤 글래드웰은 그의 저서 《블링크》에서 누군가에게 뼈에 사무치도록 기억하게 하는 3가지 방법을 안내하고 있습니다. 첫째, 마음의 진정성. 둘째, 지속적인 반복. 셋째, 그 시간을 40시간 채우는 것입니다. 40시간을 채우려면 하루 5~10분 정도로 1년이면 가능합니다. 하루 5~10분은 짧은 듯하지만, 독서의 중요성과 책과 관련한 독후활동을 지속한다면 학생들은 '독서의 중요성'을 일깨워준 선생님을 평생 기억할 것입니다. '독서의 눈을 뜨게 해주고 학습의 원동력을 키워준 선생님'이라고 말입니다.

학생들과 독토논 수업을 진행하다 보면 마음의 갈등을 겪게 되는 경우가 많습니다. 많은 내용을 준비했는데, 학생들은 떠들기만 하고 생각대로 잘 따라주지 않을 때도 있습니다. 하지만 다시 한 번 더 생각해보면, 원래 독토논 수업은 정숙하고 딱딱한 분위기에서 진행되는 수업이 아닙니다. 학생이 주인공이 되어 마음껏 자기 의견을 내놓아야 하는 수업입니다. 그러니 일반적으로 조용한 분위기 속에서 선생님 주도로 수업하는 모습과는 다릅니다. 선생님의 권한을 조금 내려놓아야 하는 다소 힘든 수업이기도 합니다.

그런데 학생들이 서로 자유롭게 자기 이야기를 늘어놓는 순간, 학생들은 수업에 온전히 몰입하게 됩니다. 시끄럽지만 괜찮습니다. 아이들은 놀고 있는 것이 아니라 소통을 통해 커가고 성숙해가고 있습니다. 아이들의 목소리는 바로 자람의 소리입니다.

독서토론 수업의 구성과 순서

독토논 수업을 교육현장에서 적용하려고 하면 활동 순서는 어떻게 하며, 어떻게 수업을 전개해야 할지 등 막막하기만 합니다. 그래서 지금까지 소개한 많은 활동들을 어떻게 구성해서 전개해나가면 좋을지에 대해 알아보려고 합니다.

먼저 국어시간 또는 창의적 체험활동 시간에 독토논 수업이 진행된다고 가정하고 6가지의 수업 유형에 대해 살펴보겠습니다. 수업 시간인 40분으로 진행될 수도 있고, 학생들의 토의, 토론 활동을 통한 더 많은 상호작용을 위해 블록 수업 형태로 진행해도 좋습니다.

첫 번째, A유형입니다. 먼저 선생님이 간단한 책 소개를 합니다. 그림책이라면 책 전체를 선생님이 읽어줘도 좋고, 내용이 많은 책이라면 내용을 요약(원페이지 리딩: 책 전체의 내용을 단 한 장에 정리해서 안내하는 것)하고 정리해서 안내해줘도 좋습니다.

순서는 ① 선생님 혹은 전기수의 책 소개 ② 카드 퀴즈 또는 메모리 게임 등을 통해 책 내용 다시 확인하기 ③ 선생님의 토론 논제 제시 ④ 모둠별로 독서토론 진행(피라미드 토론 또는 천사와 악마) 순입니다. 이때 피라미드 토론 활동판과 포스트잇이 필요합니다.

A유형은 처음 독서토론을 진행할 경우에 적합합니다. 흥미와 참여도를 높이기 위해 카드 퀴즈를 진행합니다. 학생들이 논제를 정하는 것이 아니라 선생님이 준비한 논제를 두고 토론하는 거라 선생님이 독서토론의 책과 논제를 사전에 안내한 후 수업을 진행할수도 있습니다. A유형은 40분 수업으로도 마칠 수 있는 수업 유형입니다.

두 번째, B유형입니다. A유형에서는 선생님이 논제를 정했다면, B유형에서는 학생들이 책 내용을 바탕으로 논제를 생각하고 토론하는 것이 다릅니다.

순서는 다음과 같습니다. ① 선생님 혹은 전기수가 책 소개를 합니다. ② 신호등 토론을 통해 적합한 논제 2~3개를 결정합니다. ③ 제시된 논제에 대해 찬성과 반대의 의견을 작성합니다. 선생님은 찬성과 반대 진영을 정하고 토론을 진행하는데, 이때는 찬반 대립 토론입니다. 물론 CEDA 방식 토론으로도 가능합니다. ④ 모둠 토론이 끝난 후 각 모둠의 사회자나 판정단이 느낀 점과 판정을 내립니다. ⑤ 각 모둠별로 느낀 점과 칭찬할 점 등을 발표합니다.

B유형의 수업은 모둠별 토론 방식입니다. 모둠별로 자유롭게 이야기하면서 논제에 대해 생각해보는 거죠. 만약 하나의 논제에 대해 깊이 있는 토론이 힘들다면, 각 모둠 토론 진행 후 모둠에서 가장 토론에 잘 참여한 학생을 선발해 대표 토론을 진행해보는 것도

좋습니다. 반드시 자신이 토론에 참여하지 않더라도 다른 친구의 모습을 보면서 배우고 느낄 수 있기 때문이죠.

세 번째, C유형입니다. 이는 모둠별 토의활동에 초점을 둔 수업 유형입니다. ① 먼저 선생님 혹은 전기수가 책을 소개합니다. 그리고 선생님은 4절지나 전지를 모둠별로 나눠줍니다. ② 모둠별로 종이에 책의 등장인물에 대해 P(장점), M(단점), I(흥미로운 점)를 정리합니다. 더불어 이 책에는 어떤 내용이 이어질지 상상해서 적어보고, 만약 내가 주인공이었다면 어떻게 행동했을지도 적어봅니다. 책 내용을 읽고 떠오르는 자신의 경험을 적어볼 수도 있습니다. ③ 적은 내용을 바탕으로 모둠별로 돌아가면서 발표하는 시간을 갖습니다.

네 번째, D유형입니다. D유형은 모둠별 토의토론이 아니라 일대일 대화식 토의토론 방식입니다. ① 먼저 선생님이 책을 소개합니다. ② 책을 읽고 자신이 친구와 토의 또는 토론해보고 싶은 주제를 A4용지에 적도록 합니다. ③ 만약 선생님이 토론 주제를 적어보라고 했다면 운동장 토론을 진행할 수도 있습니다. 운동장에 나가지 않더라도, 동일한 방식으로 교실을 돌아다니며 2명씩 짝을 지어 책 내용에 대해 토론할 수 있도록 합니다. ④ 정해진 시간에 친구와 일대일 토론을 마치고 자리로 돌아옵니다. 그리고 반 전체 친구들에게 자신의 토론 논제와 친구와 나누었던 이야기들을 정리해서 발표하는 시간을 갖습니다.

그런데 만약 선생님이 토의 주제를 적어보라고 했다면 4번째 진행 방법을 운동장 토론 형식으로 진행해도 좋고, '눈덩이를 던져라' 형식으로 수업을 진행해도 좋습니다.

다섯 번째, E유형입니다. 대표자 토론 방식의 수업입니다. ① 선생님이 책을 소개합니다. ② 선생님이 토론 논제를 제시합니다. 토론의 논제는 이미 사전에 발표해서 학생들이 충분히 자료를 찾아 읽고 토론을 준비하고 임하도록 합니다. ③ 선풍기 토론을 통해 모든 학생이 찬성 또는 반대편에 서서 생각해볼 수 있는 시간을 갖습니다. 또는 모둠별 CEDA 방식의 토론을 진행할 수도 있습니다. ④ 마지막으로 모둠별 대표 학생이 나와서 CEDA 방식의 토론 또는 원탁 토론의 방식, 찬반대립 토론의 방식으로 토론을 진행하고 나머지 친구들은 배심원의 역할을 합니다. ⑤ 토론을 진행한 후, 각자 생각한 것을 정리해서 글로 작성하는 시간을 갖도록 합니다.

40분 수업으로 진행하기에는 부담스러운 유형입니다. 따라서 블록 수업으로 여유 있게 진행하도록 합니다. 대표자 토론을 하기에 앞서 모든 친구들이 한번 참여해봄으로써 토론 주제에 관심을 갖도록 하는 것이 중요합니다.

여섯 번째, F유형입니다. 2명씩 짝을 지어 앉아 있는 책상 배치에 적합한 수업 유형입니다. 먼저 선생님이 책을 소개하거나 읽어줍니다. 그리고 학생들이 책에서 토론의 논제를 찾아 종이에 적습니다. 선생님은 발표를 통해 논제를 발표하게 합니다. 학생이 발표한 논제에 대해 친구들은 신호등 토론을 통해 자신의 의사를 표시합니다. 논제에 대해 찬성 측의 의견, 반대 측의 의견을 선생님께 발언권을 얻은 후 이야기합니다.

이때 선생님은 토론으로서의 논제가 적합한지에 대해 안내해줘야 합니다. 역사적 사실, 과학적 사실, 그리고 이미 논제안에 찬성 또는 반대 입장이 치우친 경우 등은 적절하지 못하므로 선생님이 안내하고 수정해줘야 합니다.

신호등 토론을 통해 학생들의 논제 및 여러 친구들의 의견을 교환한 후, 짝과 토론해볼 수도 있습니다. 그리고 책 내용에 근거해 뒷이야기 상상하기, 다른 상황으로 전개되었다면 어떠할지 추측하기, 인상적인 구절, 책에 제시된 가치에 대해 다시 정의해보기, 책을 읽고 난 후 떠오르는 자신의 경험 나누기 등을 간단히 적고 발표하는 수업으로 진행할 수 있습니다.

토의토론 활동지 작성법

어떻게 하면 토의토론이 활발하게 이루어질 수 있을까요? 교실에서 역동적인 토의토론이 진행되기 위해 가장 중요한 요소는 무엇일까요?

학생들의 참여하고자 하는 의욕, 태도, 학습 분위기일까요? 아닙니다. 물론 학생들의 성향이나 학급 분위기도 중요합니다. 그러나 가장 중요한 것은 토의토론을 위해 사전에 얼마나 생각하고 준비했느냐 하는 것입니다.

이를 위해 선생님은 학생들에게 미리 활동지를 제시해야 합니다. 재미있고 신나는 토의토론 수업을 위한 핵심은 '활동지'입니다. 기존에 여러 선생님들이 수업에 활용하기 위해 만들어둔 독서토의토론 활동지들도 있지만, 신간인 책을 골랐거나 활동지를 찾기 어려운 경우 선생님이 직접 만들어야 하는 경우도 있습니다. 이때 활동지를 어떻게 만들고, 무엇을 포함시켜야 하는지에 대해 알아보도록 하겠습니다.

활동지는 학생들에게는 독서토의토론 수업을 위한 활동지이자

학습지이고, 교사에게는 수업 지도안이자 교과서입니다. 즉 활동지에 제시된 순서대로 학생들과 이야기를 나눠보고 활동하는 것입니다. 그렇다면 이렇게 중요한 독서토의토론 활동지에는 무엇을 넣으면 좋을까요? 제가 수업시간에 활용하는 활동지에 들어가는 9가지 내용을 소개합니다. 그런데 이 활동지는 하나의 예시일 뿐입니다. 소개하는 모든 내용을 넣을 필요는 없으니 부담 없이 추가, 정리하면 되리라 생각합니다.

첫째, '키워드 글짓기'입니다. '키워드 글짓기'는 책의 주요 단어들을 추출해서 학생들에게 단어를 제시하고, 학생들은 제시된 단어들을 최소 한 번씩 활용해 결말이 있는 이야기로 간단히 만들어보는 활동입니다. 이를 통해 자신의 이야기와 작가의 이야기를 비교해보고 더욱 이야기에 집중하게 되는 효과가 있습니다. 물론 작성한 글은 친구들과 함께 돌려 읽고 피드백을 주고받아야겠지요.

독서 전 활동으로 경험에 대해 이야기하거나, 사진을 보고 떠오르는 것을 함께 이야기해본 다음, 키워드 글짓기 등의 활동을 할 수 있습니다. 그 밖에도 브레인스토밍을 통해 해당 단어에 대해 파생되는 단어를 생각해볼 수 있습니다. 지우개 브레인스토밍, 책 표지를 보고 내용 추측하기 활동 등도 효과적입니다. 최대한 책에 대한 호기심을 자극하고 극대화시키기 위한 전략입니다.

둘째, 책 내용과 관련한 경험을 생각하고 이야기해보는 것입니다. 이는 책 읽기 전 활동으로 자신의 경험을 떠올리며 자유롭게 이야기하는 시간을 갖는 활동입니다. 또한 하나의 단어를 놓고 생각의 줄기를 뻗어나가는 브레인스토밍 활동도 좋습니다. 예를 들어 《까만 나라 노란 추장》의 책에서 '아프리카' 하면 떠오르는 것이 무엇인지 브레인스토밍을 통해 마인드맵을 그려보는 것도 좋겠지요. 그리고 2~3끼를 굶어본 적이 있는지, 그리고 그때의 생각과 느낌은 어떠했는지 적어보도록 하는 활동을 합니다.

셋째, 책을 소개하기 전에 몇 가지 활동을 했다면 이제는 책을 소개합니다. 한마디로 책 소개와 책 요약이라 할 수 있습니다. 책 제목, 작가, 출판사 등을 안내하고, 책 요약은 10줄 이내로 짧게 핵심되는 내용만을 요약해서 정리합니다. 그 책을 전혀 모르는 사람도 '책 요약'만 읽으면 책 전반에 대한 내용을 파악할 수 있을 정도로 주요 사건의 흐름을 놓치지 않고 기록하면 됩니다. '책 요약'을 작성하는 목적은 학생들이 책 내용에 대해 다시 한 번 상기하고 기억할 수 있도록 돕기 위함입니다. 책의 이야기를 다시 한 번 압축해 놓은 거죠. 따라서 선생님의 평가, 생각, 느낌 등은 배제되어야 합니다.

넷째, 책 내용을 확인하는 문제입니다. 선생님의 '책 요약'을 통해 책 내용을 다시 한 번 파악했다면, 이제는 간단한 퀴즈로 책 내용을 최종 확인합니다. 책 내용을 확인하는 문제를 제시할 수도 있고, 앞서 안내한 카드 퀴즈 활동이나 메모리 활동 등을 통해 진행할 수도 있습니다. 또한 약식으로 진행되는 독서 골든벨 등도 참여도를 높일 수 있는 방법입니다.

　책을 읽었다면 바로 토의토론 활동을 하기보다 분위기 형성을 위해 메모리 게임, 카드 퀴즈, 독서 빙고, 자신의 경험 이야기하기 등의 활동을 진행할 수 있습니다.

　다섯째, 토론 논제를 제시하는 것입니다. 토론 논제는 신호등 토론을 통해 학생들이 채택해 생각해볼 수도 있지만, 저학년, 중학년 아이들이라면 적절한 토론 논제를 찾기가 쉽지 않습니다. 따라서 선생님이 토론 논제를 쉽고 명확하게 제시하는 것이 중요합니다.

　그런데 아이들의 책을 읽고 토론 논제를 찾기란 어른 또한 쉽지 않은 일입니다. 제 경우《마시멜로 이야기》를 읽고 토론 논제를 찾는 데 3~4일을 고민한 적이 있습니다. 자기계발에 관한 책 내용에서 토론 논제를 찾기란 어려운 일이었습니다. 고민 끝에 당시 찾은 논제는 '눈앞에 보이는 마시멜로, 즉 행복을 참는 것은 옳은 일인가?'였습니다.

　《까만 나라 노란 추장》이라는 한상기 박사의 이야기에서도 토론 주제를 찾기 쉽지 않았는데, 결국 '우리는 물질적으로 풍요로운 삶을 살아야 행복한가?'라는 논제를 찾았습니다. 그리고《길아저씨 손아저씨》의 경우 '장애인법 문제를 도입해 회사에서 사람들을 채용할 때 장애인 의무고용 비율인 3~4퍼센트를 더 늘리는 것이 적절한가?'에 대해 토론을 했습니다. 이처럼 토론 논제는 책 속에서 찾아도 되고, 우리 사회나 학생들의 주변에서 찾아도 무방합니다.

여섯째, 학생들이 열띤 토론을 통해 약간의 대립각을 세웠다면 함께 마음을 모으는 토의활동도 함께 뒤따라야 합니다.《이 고쳐 선생과 이빨투성이 괴물》에서 치과의사가 거절을 못해서 벌어진 일들을 두고 효과적으로 거절할 수 있는 방법,《양파의 왕따일기》에서 다른 친구들이 모두 한 친구를 왕따시키려고 할 때 현명하게 대처할 수 있는 방법 등을 함께 고민해보는 것입니다. 함께 토의하는 과정도 토론의 일부가 됩니다. 대립각을 세우기보다 같은 팀으로서 함께 아이디어를 모으고 협의하다 보면 문제를 해결할 수도 있습니다.

　일곱째, 책에 내재화된 도덕적 가치에 대해 나름의 정의를 내리는 것입니다.《꽃들에게 희망을》에서 제시된 가치는 '도전'입니다. 도전이란 무엇이고, 왜 그렇게 생각하는지에 대해 각자 정의를 내려볼 수 있습니다.《마당을 나온 암탉》에서는 잎싹이 초록이에게 보여준 사랑을 정의해볼 수 있습니다. 사랑이란 무엇이고, 왜 그렇게 생각하는지 정의해보는 거죠. 정의하기 활동은 학생들의 상상력과 재치, 그리고 논리력을 발휘할 수 있는 활동으로, 함께 발표하면서 서로의 생각을 공유하고 재미있는 내용에 대해서는 함께 즐거워하는 시간을 가질 수 있습니다.

　여덟째, 가장 인상적인 구절을 찾아 적어보는 것입니다. 책을 읽다 보면 '이 구절 참 좋다' 하면서 밑줄을 긋는 부분이 있습니다. 가장 공감되고 기억에 남는 부분을 그대로 옮겨 적고, 왜 그 부분이 좋았는지도 친구들에게 발표합니다. 인상적인 구절은 작은 종이 카드에 적어 교실 곳곳에 붙여두고, 그 감동을 오래도록 기억하는 것입니다. 같은 책을 읽었지만 각자 다른 부분에서 감동을 느꼈고, 서로의 이야기를 들으며 공감할 수 있을 것입니다.

아홉째, 이 책의 인물과 다른 책의 인물 또는 이 책의 사건과 다른 책에서의 사건을 비교해보는 활동을 할 수 있습니다. 혹은《마당을 나온 암탉》의 잎싹이《양파의 왕따일기》의 정화를 만나면 어떤 말을 할까 등의 활동도 해볼 수 있습니다.《마당을 나온 암탉》의 잎싹이와《갈매기의 꿈》에 나오는 주인공의 공통점을 찾아보면 자신이 속해 있던 무리를 벗어난 것, 도전적인 삶을 위해 용기 있는 결단을 한 것, 현실에 안주하지 않은 것 등인데 이에 대해 생각해볼 수도 있습니다.

덧붙여 PMI 활동을 통해 각 책에 등장하는 인물의 장점과 단점, 흥미로운 점을 작성하고 비교해보는 것도 효과적입니다. 잎싹이 정화를 만나면 어떤 말을 했을까 생각해볼 수도 있습니다. 이렇게 말하지 않았을까요? "세상 사람들은 모두 생김새도 생각도 성격도 다른 거야. 모두가 같다면 세상을 알아가는 재미가 없을지도 몰라. 나와 다르다고 틀린 건 아니야. 친구가 나와 다르다는 이유만으로 왕따를 시키는 건 잘못된 생각이야."

마지막으로 교실에서 하는 오감독서입니다. 책을 읽고 내용을 실제로 경험해보는 것만큼 즐거운 일도 없습니다. 책의 배경이 된 장소로 여행을 떠나는 것도 좋겠지만, 차선책으로 교실에서 할 수 있는 최선의 활동을 찾아볼 수 있습니다. 《마시멜로 이야기》를 읽고서 학생들과 함께 교실에서 마시멜로를 구워 먹는 활동을 하거나, 《아낌없이 주는 나무》를 읽고 운동장으로 나가 자신의 나무를 하나씩 정해볼 수 있습니다. 그리고 그 나무가 지금부터 자신의 모든 고민과 이야기를 들어주는 나무가 된다고 생각합니다. 자신의 친구나무를 정하고 활동해보는 것이죠.

모든 책에 대해 오감독서가 가능한 것은 아니지만, 책 읽는 재미를 더하기 위해 활동 가능한 책을 중간중간에 넣으면 더욱 즐거운 독서토론토의 시간이 될 수 있습니다. 덧붙이면 우리 반의 경우《마당을 나온 암탉》을 읽고 학생들이 교실에서 치킨을 먹자고 제안하기도 했습니다. 물론 실천하지는 못했습니다.

토의토론 활동지를 작성하는 궁극적인 목적은 학생들이 여러 활동을 하기 전에 미리 생각하고 고민해보자는 데 있습니다. 활동을 진행하는 데만도 적지 않은 시간이 걸립니다. 따라서 활동지를 미리 작성해와 교실에서는 친구들과 상호작용하는 토의, 토론 활동을 갖는 것이 좋습니다.

07

독토논 수업과 관련된
중요한 질문들

책 읽기 싫어하는 학생은
어떻게 지도하면 좋을까요?

독서력이 부족한 아이들에게는 공통점이 있습니다.

첫째, 선생님의 설명을 잘 이해하지 못합니다. 평소 책을 많이 읽는 학생은 선생님의 짧은 설명에도 쉽게 이해하는 반면, 독서력이 부족한 학생은 설명과 예시, 반복되는 설명에도 그 내용을 완벽히 이해하지 못할 때가 많습니다. 여기서 볼 수 있듯이 독서력 부족은 어휘력과 문장 이해력 부족으로 이어집니다.

둘째, 평소 공부를 많이 하는데도 시험 성적은 노력한 만큼 잘 나오지 않습니다. 독서력이 부족한 학생의 경우 시험에 대비해 학습량은 많지만, 집중력이 부족하고 내용을 파악하기보다 문자를 보고 있는 경우가 많기 때문입니다. 다시 말해 독서력이 있는 학생들은 독서를 통해 습득된 집중력, 행간을 읽는 능력, 논리력과 사고력이 뛰어나지만, 독서력이 부족한 친구들은 그렇지 못합니다. 따라서 2배, 3배의 노력에도 불구하고 생각만큼 성적이 오르지 않습니다.

그렇다면 이런 경우 학교에서 선생님들은 어떻게 독서 지도를 하면 좋을까요?

첫째, 가장 먼저 선생님과의 관계 회복이 되어야 합니다. 무턱대고 학생들에게 독서는 중요하니 이 책을 읽어보자는 식으로 접근해서는 안 됩니다. 영업사원들의 경우 처음부터 고객에게 물건을 팔겠다는 목표를 세우지는 않습니다. 물론 최종 목표는 판매가 맞지만, 처음에는 고객과 가까워지고 소통하고 친밀감을 형성해야 합니다.

선생님과 학생의 관계에서도 마찬가지입니다. 학생에게 특별한 지도를 하고자 한다면 래포 형성이 먼저입니다. 선생님과 학생 사이에 친밀감이 조성되어야 하는 거죠. 그러려면 체육시간에 함께 뛰며 친해지거나 도서관 활동시간, 미술시간, 상담시간 등 일대일로 대화할 수 있는 시간을 통해 학생 스스로 '우리 선생님이 나에게 특별한 관심을 갖고 있구나' 하는 생각을 갖게 해주어야 합니다.

둘째, 선생님이 직접 책을 추천해줍니다. 세상에는 수많은 책이 있지만, 사람마다 각자 자신만의 특별한 책이 있기 마련입니다. 책을 좋아하지 않는 학생이라면 특별히 그 학생만의 의미 있는 책을 만들어주는 방법도 있습니다.

"OO는 미술을 좋아하는데다 그림 그리는 데 남다른 소질이 있는 것 같아. OO에겐 세계적인 화가들의 삶을 다룬 책을 추천해주고 싶네. OO라면 무척 재미있게 읽을 것 같아. 읽고 난 후에는 선생님한테 느낀 점도 알려줘." 짧다고 생각할 수도 있지만, 선생님의 이 한마디는 학생에게는 대단한 칭찬과 격려, 그리고 독서에 대한 강한 동기부여가 될 것입니다.

셋째, 교실에서 지속적으로 독서활동 프로그램을 운영합니다. 한 달에 한 번 독서토론 개최, 클래식이 있는 아침 독서활동, 독서퀴즈 대회, 독서상황표, 게시판 토론, 책 읽어주는 선생님과 전기수, 독서하는 선생님, 도서관 방문시간 갖기, 교실의 독서 분위기 조성 등 선생님이 독서 프로그램을 꾸준히 지속적으로 진행해야 합니다. 이런 프로그램을 통해 학생들이 책을 가까이하고 독서 환경을 경험함으로써 의미로만 책을 가까이하다가 차츰 책 읽는 재미에 빠져들게 유도할 수 있습니다. 그러려면 학생들의 관심을 빼앗는 스마트폰 사용을 자제하도록 지도하는 것이 중요합니다.

평소 만화책만 보려는 아이는 어떻게 지도해야 할까요?

우뇌 성향이 강한 학생들의 경우 그림, 사진, 영상 등 이미지에 민감하게 반응합니다. 만화책을 유독 좋아하는 아이들이 바로 우뇌 성향이 강한 아이들입니다. 양질의 만화책도 있기에 무조건 만화책을 막을 일은 아닙니다.

그런데 항상 만화책만을 고수한다면 이는 고민해봐야 할 문제입니다. 만화책만 찾는 아이들에게는 적절한 지도가 필요합니다. 어떤 방법이 있는지 하나씩 살펴보도록 하겠습니다.

첫째, 글밥이 많은 책을 선생님이 요약 정리해 학생들에게 이야기를 들려줍니다. 이를 통해 글밥이 많은 책도 재미있고 흥미로운 이야기들이 많다는 것을 알게 해주는 것입니다.

또한 학생이 관심 있어 하는 분야가 있다면, 해당 분야에 대한 책을 읽어보도록 권하는 것도 방법입니다. 만화책이 재미있는 것은 이미지 형태인 것도 있지만, 분명 관련 내용에 대한 흥미가 있기 때문입니다. 따라서 관심 있는 분야에 관한 글밥 형태의 책을 읽게 해주면 좋습니다.

둘째, 추리동화와 추리소설을 추천합니다. 《셜록 홈즈》를 보면 사건을 해결하는 데 필요한 중요 단서들이 곳곳에 숨어 있습니다. 《셜록 홈즈》에는 약 610개의 단서가 있다고 합니다.

이미지에 강한 우뇌형 아이들이 만화책을 읽듯이 추리동화나 추리소설을 읽는다면 문제를 결코 해결할 수 없습니다. 추리소설이나 추리동화는 한 문장 한 문장 살펴가면서 읽고 생각해야 범인이 누구인지 찾을 수 있기 때문입니다. 따라서 만화책만 보던 아이들은 추리동화를 통해 글밥이 많은 책을 집중력과 인내심을 갖고 보게 해주는 것도 방법입니다.

셋째, 토론, 모둠 프로젝트, 골든벨, 현장체험학습 등을 통해 독서에 대한 강제성을 부각합니다. 학생 스스로 만화책을 덮고 줄글 형태의 책을 손에 쥐면 좋겠지만, 결코 쉬운 일은 아닙니다. 글밥 많은 책을 읽어야 하는 데는 분명한 목적이 있어야 합니다. 따라서 독서토론을 위해 읽고, 모둠 프로젝트를 완수하기 위해 읽고, 골든벨을 울리기 위해 읽게 하는 것입니다. 또한 현장체험학습을 준비하면서 글밥 있는 책을 읽도록 지도하는 것도 좋습니다.

마지막으로 가정과 연계해 지도하는 것도 중요합니다. 학교에서만 책 읽는 데 노력하고, 가정에서 아무런 협조체제가 없다면 '밑 빠진 독에 물 붓기'입니다. 따라서 집에서도 영상매체에 대한 노출을 자제하고, 가장 좋아하는 분야의 도서 구입, 도서관이나 문화센터에서의 독서클럽 활동을 권장할 수 있습니다. 또한 학교에서의 독서지도 노력을 소개하고 협력할 수 있도록 가정에 요청하는 것도 중요합니다.

편독이 심한 아이,
다른 분야의 책을 읽게 하려면?

한 분야에 대해 깊이 몰입하고 관련 독서를 꾸준히 노력하는 아이들이 있습니다. 미국의 학자 조지프 렌줄리(Joseph Renzulli)는 영재의 3요소로 과제집착력, 지능, 창의성을 제시했습니다. 이 결과에 따라 편독이 심한 아이를 긍정적으로 바라본다면 과제집착력이 높은 아이라 할 수 있습니다.

관심 분야에 대해 계속적인 호기심과 탐구심을 가지고 독서를 한다는 것은 사실 칭찬할 만한 일입니다. 하지만 관심 분야에만 집착하는 것도 결코 좋은 결과로만 이어지는 것은 아니니 적절한 지도가 필요합니다. 이러한 학생들을 효과적으로 지도하기 위한 방법을 살펴보겠습니다.

첫째, 시간을 두고 기다려주는 것입니다. 아이들의 경우 시간이 지나면서 자연스럽게 관심사가 변하기도 하고, 한 권의 책을 읽고 새로운 분야에 호기심을 갖고 눈을 뜰 수도 있습니다. 따라서 꼬리에 꼬리를 무는 독서가 될 수 있도록 지속적으로 격려하고 관심을 가져주면 됩니다.

예를 들어 식물에 대해 관심이 많은 아이라면 전 세계 식물의 종류와 식물학자, 식물이 살아가는 환경, 우리나라의 식물 등 '식물'이라는 주제를 두고 여러 분야로 가지를 뻗어나갈 수 있습니다. 학생이 스스로 자신의 탐구 범위를 넓혀갈 수도 있고, 선생님의 말 한마디나 책에서 찾은 질문의 답을 찾기 위해 다른 분야의 책을 찾아볼 수도 있습니다.

둘째, 한 분야에 꽂혀 그 분야의 책을 읽는다면 분명 제일 좋아하는 책이 있을 텐데, 그 책을 쓴 저자의 다른 책도 읽어보도록 권하는 것입니다. 저자가 한 분야가 아닌 다른 분야의 책을 썼다면 더욱 권장할 만합니다. 다시 말해 카테고리 독서법 가운데 저자를 중심에 두고 저자가 쓴 여러 책들을 두루 읽어보도록 하는 것이죠.

카테고리 독서법은 주제로 나눠 읽을 수도 있습니다. 책을 읽다가 새로운 관심사가 생겼다면, 이를 중심에 두고 관련 책 목록을 정리해 읽어나가는 것입니다. 만약 권정생 작가의 책을 좋아한다면, 그 작가의 다른 책들을 읽으면서 작가의 생각과 삶에 대해 조명해보는 독서를 할 수 있습니다. 반면 '동물'이라는 주제에 관심이 있다면 동물에 관한 책 목록을 정리하고 읽어나가는 것입니다.

마지막으로, 가정과 연계해 지도합니다. 학생의 관심이 한 분야에 집중되어 있을 때, 다양한 경험과 체험을 통해 다른 분야에 눈을 돌릴 수 있게 해주어야 합니다. 박물관, 연구소, 유적지 등을 다니면서 이전에 미처 몰랐던 부분에 대한 관심을 열어주는 거죠.

편독이 심한 아이들은 호기심이 많기 때문에 새로운 것을 접하고 알고 싶어 하는 욕구가 큽니다. 따라서 새로운 사람, 새로운 것, 새로운 장소를 접하면서 새로운 관심사가 생기도록 돕는 것이 좋습니다.

고학년인데도
쉬운 책만 고르는 아이, 괜찮을까요?

책이 출간될 때 이 책은 몇 학년 책이니 몇 학년 학생이 읽어야 한다고 규정 지어 나오지 않습니다. 쉬운 책이라고 해서 저학년 책, 어렵다고 해서 고학년 책이라고 단정 지을 수 없다는 거죠. 책에서 다루는 내용과 책의 글밥 등을 고려해 학년별 권장도서를 정하는 것입니다. 고학년이지만 그림책 하나로도 충분히 생각하고 배울 수도 있다는 뜻입니다.

그런데 고학년임에도 항상 쉬운 책, 그림책만을 고집하는 친구들이 있습니다. 두 가지 이유로 생각해볼 수 있습니다.

하나는 독서력이 부족해 아직은 수준이 있는, 또래 친구들이 주로 보는 책 수준을 따라가지 못하는 경우입니다. 이런 학생들은 호흡이 짧은 책을 보면서 완독의 즐거움을 누리도록 해주고, 책을 손에서 놓지 않도록 지속적인 응원이 필요합니다. 관심과 격려로 차츰 독서력이 향상될 수 있기 때문입니다.

다른 하나의 이유는 아직 독서 습관이 잡히지 못한 경우입니다. 독서의 중요성에 대해 부모나 선생님이 강조하기에 책을 보지만,

글자가 눈에 들어오지 않으니 쉬운 그림책만 들여다보고 있는 것입니다.

　이런 학생들의 경우 권장도서, 학년별 도서에 연연해하기보다 본인이 읽고 싶은 책을 먼저 읽도록 해야 합니다. 그리고 교실에서 지속적인 독서 프로그램을 진행하면서 어떤 학생도 소외되지 않도록 관심을 기울여주는 게 중요합니다. 일부러 전기수로 활동시키면서 학생들로부터 주목받도록 하는 것도 좋습니다. 독서토론, 사이버토론 등에서 판정단의 역할을 부여함으로써 다른 친구의 생각을 경청하면서 동기부여를 해주는 것도 방법입니다.

말하기를 부담스러워하는 아이,
어떻게 지도해야 할까요?

● ● ●　토론을 진행할 때 학생들은 대부분 무슨 말을 할지 미리 준비를 해둡니다. 6단논법에 의해 자신의 의견을 서술해둔 거죠.

　그런데 이 글을 어떻게 말로 표현해야 할지 막막해하는 경우가 있습니다. 또한 상대방의 의견에 반론을 제기하거나 반대로 반론을 받았을 때 어떻게 답해야 하는지 발언 형식을 모르는 경우도 많습니다. 따라서 학생들이 토론에 참여할 때 적절한 발언 형식으로 참여할 수 있도록 지도해야 하는데, 그 방법에는 2가지 아이디어가 있습니다.

　첫째, 토론카드를 작성하는 것입니다. 사회자가 토론을 진행할 때 이야기할 발언카드, 토론자가 입론, 반론, 질문 등을 할 때 주로 말하는 형식 등을 적은 토론카드를 적는 것이죠. 학생들은 자신이 적은 내용을 제시된 발언 형식에 맞춰 이야기하는 연습을 함으로써 어떻게 이야기할지 배울 수 있습니다.

　둘째, 학생들에게 직접 토론 영상을 보여줍니다. 백문이 불여일견이라고, 선생님의 설명도 좋지만 실제 영상을 보여주고 느낀 점과 배울 점에 대해 찾아보라고 하면 학생들은 금세 눈치를 챕니다. 그리고 스펀지처럼 좋은 것을 흉내 내고 따라합니다.

시간이 지나고 토론 횟수가 늘어나면 학생들의 토론 실력도 차츰 발전할 것입니다. 토론카드로 발언 형식이 입에 붙고, 다른 토론을 관전하면서 자신의 것으로 하나씩 만들어가면서 말이죠. 첫술에 배부를 수는 없으니 시간을 갖고 꾸준히 진행해야 합니다.

모든 학생이 골고루 발표할 수 있는
방법은 없을까요?

교원연수를 진행하면서 제일 많이 받은 질문 중에 하나가 바로 이 질문입니다. 수업의 주인공이 선생님이 아닌 학생이 되는 수업이 바로 독서토론논술 수업입니다. 하지만 모든 학생이 아닌 몇몇 학생들만을 위한 수업이 되는 경우가 있습니다. 소위 '그들만의' 수업이 되는 경우죠.

그렇게 되지 않으려면 운동장 토론, 선풍기 토론, 게시판 토론, 사이버 토론, 모둠 프로젝트 등의 활동을 통해 모든 학생이 어깨짝과 모둠 구성원 또는 반 전체 학생들과 이야기를 나누는 시간을 갖도록 선생님이 지도하는 것이 중요합니다. 이런 활동을 거친 후에 대표자 토론을 진행하는 것이죠.

모둠의 대표로 선발된 대표자 토론에서 토론 참여자가 아닌 다른 친구들은 방청객이 되는데, 이때 대표 학생들의 토론을 경청할 수 있도록 나머지 친구들에게 판정단의 역할과 판정표를 주는 것도 중요합니다. 학생들은 대표자 토론 전에 같은 주제를 두고 모둠에서 옆의 짝과 이야기를 나눠봤기 때문에 자신의 생각과 친구들의 생각을 비교하며 들을 수 있습니다. 참여하고 발언을 하는 것도 중요하지만, 때로는 토론을 듣고 보고 생각하면서 성장할 수도 있습니다.

가장 중요한 것은 교실은 언제든 실수가 생길 수 있는 공간임을 모든 학생들에게 공감시켜야 합니다. 또한 학생들이 편안하게 자신의 생각을 표현하고 이야기할 수 있는 분위기를 만들어주는 것이 중요합니다. 그리고 어떻게 하면 반 전체 학생들이 골고루, 그리고 적극적으로 참여할 수 있을지에 대해 계속 고민해야 합니다. 그런 노력이 있어야 다양한 형태의 토론 방법들이 계속 개발될 수 있습니다.

입론 쓰기,
어떻게 지도하면 좋을까요?

입론(立論)은 논제에 대한 취지나 순서 따위의 체계를 세우는 것을 말합니다. 그런데 형식을 갖춘 글을 써본 경험이 많지 않은 초등학생들에게 입론을 써보라고 하면 어떻게, 무엇을 써야 할지 막막하다고 합니다. 따라서 입론에 반드시 포함되어야 할 요소들을 선생님이 안내해줘야 합니다. 즉 6단논법에 맞춰 입론을 쓰는데, 안건, 결론, 이유, 설명, 반론꺾기, 정리 순으로 글을 작성하면 됩니다. 이렇게 글을 쓰면 짜임새 있고 자신의 생각을 분명하게 나타낼 수 있습니다.

저학년이라면 6단논법에 맞춰 쓰는 것이 힘들 수도 있습니다. 이때는 안건, 결론, 이유 식으로 3단논법에 맞춰 쓰게 하는 것으로도 충분합니다. 학생들에게 잘 작성된 입론을 읽어주는 것도 효과적입니다.

하지만 무엇보다 중요한 것은 잘 쓰려 하기보다 필요한 내용이 들어가도록 하고, 솔직한 글을 쓰도록 지도해야 합니다. 입론을 쓰기 전에 자료를 탐색하며 쓰는 것이 좋지만, 이를 힘들어 한다면 어

깨짝이나 부모님, 또는 형제자매들과 이야기를 나눠보고 생각한 것
을 바탕으로 쓰도록 합니다.

토론 수업 후 평가는 어떻게 하면 될까요?

판정단에 의한 평가가 척도가 될 수 있습니다. 주장에 대한 근거가 충분했는지, 주장에 대해 논리적으로 접근했는지, 적절한 태도로 임했는지 등에 대해 판정단은 객관적인 평가가 가능하기 때문입니다.

그런데 토론 수업의 전체 평가가 판정단의 생각에 온전히 맡겨지는 것은 위험합니다. 판정단에 참여한 학생들도 이를 정확하고 면밀하게 판단할 수 있는 능력을 갖춘 전문가는 아닙니다. 또래 친구니까 말입니다. 판정단의 생각이 객관적인 자료일 수 있으나 토론 평가의 척도가 되어서는 안 됩니다. 따라서 토론 수업 진행 후 평가는 판정단의 토론 판정표에 의한 것이 아니라 자기평가표에 의해 평가되도록 합니다. 누군가에 의해 평가받기보다 본인 스스로가 이 토론을 위해 얼마나 준비하고, 생각하고, 임했는지에 대해 가장 잘 알기 때문입니다. 입론이나 주장을 할 때 자기주장에 대해 논리적인 근거를 제시했는지, 반론 시 상대방의 논리적 허점을 찾아 적절한 이유를 대며 예의를 갖춰 반론했는지 등을 스스로 진단하는 거죠. 또한 토론 전반에 걸친 태도, 자신의 의사표현 능력, 그리고 팀원들 간의 의사소통 등도 다시 한 번 생각해보도록 합니다.

자기평가를 3단계나 5단계로 스스로 체크하고, 이를 바탕으로 토론일기를 쓰면서 자기반성의 시간을 갖도록 하는 것이 가장 발전적인 형태의 토론 평가라고 할 수 있습니다.

▶토의토론 자가진단표
* 매우잘함(5점) −잘함(4점) −보통(3점) −노력필요(2점)

논제		
평가 분야	평가 요소	자기평가
입론 및 주장하기	주장하고자 하는 내용을 논리적으로 설명했는가?	
	입론 작성을 6단논법에 의해 충실하게 작성했는가?	
	객관적인 자료를 제시하고 그 출처를 정확히 밝혔는가?	
	근거가 주장을 뒷받침하기에 타당했는가?	
입론 및 주장하기에서 잘한 점, 부족했던 점, 개선점		
반론하기	상대 측의 주장에서 문제점을 찾아 질문했는가?	
	상대 측 주장에 대한 반론을 제기하며 적절한 근거를 제시했는가?	
	반론 주장을 논리적으로 명확하게 했는가?	
반론하기에서 잘한 점, 부족했던 점, 개선점		
토론 참여 태도	상대 측 의견을 경청하며 발언권을 얻어 발언했는가?	
	감정에 치우치지 않고 차분한 태도로 토론에 참여했는가?	
	상대방의 의견을 메모하며 적극적인 자세로 토론에 몰입했는가?	
	토론의 규칙을 지키며 토론에 참가했는가?	
토론 참여 태도에 대해 잘한 점, 부족했던 점, 개선점		

표현능력	알기 쉬운 단어와 간결한 문장으로 말했는가?	
	말의 속도와 목소리의 변화, 목소리 크기가 적절했는가?	
	주장을 유창하게 발표하며, 적절한 손동작, 몸짓을 사용했는가?	
표현능력에 대해 잘한 점, 부족했던 점, 개선점		
협동능력	작전시간에 토의가 활발하게 이루어졌는가?	
	대표 의견이 민주적 절차에 의해 정해졌는가?	
	토론 참여자가 모두 골고루 의견을 발표했는가?	
협동능력에 대해 잘한 점, 부족했던 점, 개선점		
종합의견 발표	상대방의 반론과 질문에 적절하게 대응해 이야기했는가?	
	토론에서 잘한 점과 부족했던 점을 솔직하게 정리해서 이야기했는가?	
	종합적으로 자신의 생각을 정리해 논리적으로 발표했는가?	
종합의견 발표에 대해 잘한 점, 부족했던 점, 개선점		
전체적 자기평가	최종 점수	/ 100점

수업 내용을 잘 기억하게 하는
방법이 있을까요?

● ● ○   학생은 수업에서 들은 것의 5퍼센트, 읽은 것의 10퍼센트, 본 것의 20퍼센트, 직접 해본 것의 75퍼센트, 서로 설명하고 가르치고 토의한 것의 90퍼센트를 기억한다고 합니다. 즉 거꾸로 학습에서의 핵심은 학생 중심 수업이며, 그들의 활발한 참여가 가장 중요하다고 생각합니다. 따라서 수업시간 40분 가운데 수업 종료 10분 정도는 옆에 있는 어깨짝과 그날의 수업 내용 가운데 생각해볼 문제를 던지고 서로 이야기해보게 하거나, 배운 내용을 차례대로 설명하게 하는 것이 효과적입니다.

예를 들어 '환경과 경제발전'에 대해 배웠다고 합시다. 그러면 선생님은 수업이 끝나기 5~10분 전에 어깨짝이나 모둠별로 토론할 주제를 던집니다. 환경보존이 먼저냐, 경제발전이 먼저냐 하는 식으로 말이죠. 이후 학생들은 수업시간에 배운 내용을 바탕으로 각자의 생각을 펼칩니다. 이는 수업 내용을 정리하는 것은 물론, 수업 내용에 대한 자신만의 의견을 갖게 되는 것입니다.

포유류의 특징에 대해 배웠는데, 과학적 사실에 대해 토의토론이

어렵다면 짝과 오늘 배운 내용에 대해 설명하도록 하는 시간을 갖도록 합니다. 설명하는 과정에서 모르는 부분은 서로 질문하고, 교과서를 다시 찾아보는 식이죠. 이러한 과정을 통해 서로 설명하고, 가르치고, 생각하고, 자신의 생각을 발표하는 기회를 갖게 되는 것입니다. 이런 방법이 바로 유대인이 말하는 하브루타이며, 배운 내용이나 읽은 내용을 설명하는 교실이 바로 예시바인 것입니다.

영화에 대해서도 토론할 수 있을까요?

●●◦   물론입니다. 영화를 보고 토론 논제에 대해 이야기하는 것도 좋지만, 영화에서의 주제를 함께 생각해보고 관련 내용에 대해 편안한 분위기에서 이야기를 나눠보는 것이 좋을 듯합니다.

〈옥토버 스카이〉 영화를 봤다고 합시다. 광부로서의 삶을 강요하는 아버지와 우주과학자를 꿈꾸는 아들의 이야기에서 현실을 뒤로하고 자신의 꿈을 선택한 주인공의 선택은 옳은 선택인지 토론해볼 수 있습니다. 그리고 NASA의 실제 인물을 다룬 이 영화의 주인공에게서 배울 점은 무엇인지, 만약 학생들이 주인공이었다면 어떤 선택을 했을지 생각해보게 하는 활동도 의미 있습니다.

〈마당을 나온 암탉〉을 봤다면, 잎싹이 마당을 나온 것이 옳은 선택인지에 대해 토론해보고, 변화보다 현재의 삶을 누리며 현실에 만족하는 사람들과 끊임없이 자신을 발전시키고 변화시키고자 하는 사람들에 대해 함께 생각해보는 활동을 해보면 좋을 것 같습니다. 또한 초록이가 잎싹을 두고 떠나는 것은 옳은 선택이었는지도 토론해볼 수 있는 주제입니다. '만약 나라면 마당을 나왔을까?'

'우리 반에 피부색이 다른 친구가 있다면 어떻게 대할 것 같은가?'
와 같은 주제로 이야기를 나눠볼 수도 있습니다.

〈샬롯의 거미줄〉을 보고 우정에 대해 다시 생각해보고, 〈니모를 찾아서〉를 보고서는 부모님의 사랑에 대해 이야기해볼 수 있습니다.

영화 토론에서 가장 중요한 점은, 선생님이 단순히 업무시간을 확보하기 위해 영화를 보여줘서는 안 된다는 것입니다. 선생님도 학생들과 함께 같은 시선으로 영화에 몰입해야 합니다. 그리고 생각해볼 문제, 토의토론을 해볼 수 있는 문제를 메모하며 보는 것이 좋습니다. 학생들도 마찬가지입니다. 인상적인 대사를 메모하면 보다 집중해서 보게 됩니다. 만약 선생님이 영화를 볼 시간적 여유가 없다면, 전에 봤거나 익히 알고 있는 영화를 보여주실 것을 권합니다.

글쓰기를 즐길 수 있는 방법은 없을까요?

학생들에게 글을 쓰라고 하면 무엇을 어떻게 쓸지 막막해하고 힘들어 합니다. 그런데 이는 어른들도 마찬가지입니다. 어떤 주제를 던져주고 글을 쓰라고 하면, 당장 무엇을 어떻게 써야 할지 힘들어 합니다. 게다가 채워야 할 분량이 많으면 주저리주저리 생각나는 대로 글을 쓰게 되어 글의 체계까지 무너지게 됩니다. 학생들이 글의 형식을 갖추는 건 둘째 문제고, 먼저 글 쓰는 것을 즐기도록 해야 합니다.

그럼 어떻게 하면 글쓰기를 즐길 수 있을까요?

첫째, 1분 글쓰기입니다. 책을 읽고 느끼고 생각한 것을 1분이라는 제한된 시간 동안 작성하는 것입니다.

1분 글쓰기는 1분이 지나면 더 이상 작성할 수가 없습니다. 따라서 학생들은 주어진 1분 동안 자신의 생각을 모두 쏟아내려고 노력합니다. 활동을 마친 후에는 누가 짧은 시간에 더 많은 글을 썼고, 괜찮은 글을 썼는지 발표하는 시간을 갖습니다. 그런데 이 활동을 시작하기 전에는 학생들에게 1분 동안 무엇을 쓸지에 대해 미리 생각해보게 하고, 시작 신호에 맞춰 글을 쓰게 하는 것이 효과적입니다. 머릿속으로 개요짜기를 한 후에 글을 쓰게 하는 것이죠.

1분 글쓰기는 마치 달리기 경주와 같이 학생들이 전투적으로 글을 씁니다. 그런데 1분 글쓰기 활동 횟수를 거듭할수록 쓸 내용은 남았는데 시간제한 때문에 다 쓰지 못하는 경우가 있습니다. 이때는 설명식이 아닌 개조식으로 글을 쓰게 하고, 이후에 설명식으로 고쳐 쓰게 하는 것도 방법입니다.

둘째, 듣기와 옮겨 쓰기입니다. 좋은 글을 옮겨 쓰다 보면 작가의 문체, 어휘, 글의 형식을 자연스럽게 습득할 수 있습니다. 따라서 좋은 글을 반복해서 옮겨 쓰면서 작가의 글을 체득합니다. 또한 선생님은 반 친구들의 일기나 글 가운데 잘 쓴 글이 있으면, 그 학생의 동의를 얻어 모든 학생들에게 읽어줌으로써 학생들의 글쓰기를 자극하는 것도 좋습니다.

좋은 글은 그냥 지나칠 게 아니라 두고두고 읽고 이를 암기하면 글을 쓸 때의 재료로 활용할 수도 있습니다. 영어 공부를 할 때 명문장이나 연설문을 외우려고 애쓰지만, 정작 우리말을 공부할 때는 주옥같은 글을 외우려 하지 않는 경향이 많습니다. 잘 쓴 글을 많이 듣고, 반복해서 읽고 암기하면 글 실력은 몰라보게 성장할 것입니다.

셋째, 매일 조금씩 글쓰기를 연습합니다. 학생들은 매일 글을 쓰고 있습니다. 인터넷에 글을 쓰거나 댓글을 다는 것도 다 글쓰기입니다. 일기를 쓰고, 편지를 쓰고, 작은 메모를 쓰는 것조차도 넓은 의미의 글쓰기입니다. 분량도 중요하겠지만, 매일 글을 쓰는 연습이 중요합니다.

글을 쓸 때 가장 어려운 것은 바로 '첫 문장'입니다. 그런데 첫 문장을 쓰고 나면 마법에 걸린 듯 다음 문장이 술술 이어지게 됩니다. 학생들은 자신이 경험한 일에 대해서는 비교적 쉽게 글을 씁니다. 하루 일과 중 기억나는 일에 대해 일기 쓰기, 수업시간에 진행했던 독서토론을 바탕으로 한 글쓰기 등은 경험 중심의 글쓰기라 비교적 쉽게 쓸 수 있습니다. 즉 무엇이든 자신의 생각과 경험을 요약해서 인터넷에 글을 올리든, 블로그를 관리하든, 일기를 쓰든, 어떤 형태로 서론-본론-결론의 형식을 맞춰 글을 쓰는 습관을 갖도록 지도해야 합니다.

넷째, 묘사글 쓰기 활동을 진행할 수 있습니다. 글쓰기는 자신의 생각에 대한 설명이고 묘사입니다. 따라서 가장 쉬운 단계인 사물에 대한 묘사로 연습을 하는 것입니다. 교실에서는 글쓰기 활동으로 신문이나 잡지에서 사진을 오린 다음, 사진을 종이에 붙여 사진에 대한 설명을 쓰도록 합니다. 사진의 주요 인물 또는 사물에 대해 묘사하고, 작은 부분까지 세세하게 표현하도록 합니다. 그리고 사진에 대한 자신의 생각이나 느낌을 덧붙이도록 합니다.

좀 더 색다르게 진행할 수도 있습니다. 예를 들어 여러 사람이 함께 찍은 사진을 종이에 붙입니다. 이때 사진 속 인물 중 한 명을 선택해 그 사람에 대해 묘사하는 글을 쓰게 합니다. 옷차림, 표정, 생김새 등에 대해 쓰는 거죠. 그리고 누구에 대한 설명인지 다른 친구에게 맞혀보도록 하는 활동입니다. 자신이 선택한 사람에 대해 자세하고 정확히 묘사했다면 친구들이 잘 맞힐 것이고, 그렇지 않다면 다시 묘사해야 합니다. 또는 여러 장의 사진을 제시하고 글로 설명하고 있는 사진을 골라보게 하는 활동을 할 수도 있습니다.

함께 읽고, 생각하고, 이야기하며
아이들이 주인공이 되는
독서 토론 논술 수영

부록

독토논 수업을
위한 활동지

《길아저씨 손아저씨》

– 권정생 글, 김용철 그림, 국민서관

Ⅲ Onepage Reading

두 다리가 불편한 길아저씨, 두 눈이 불편한 손아저씨. 길아저씨는 아무 곳도 갈 수 없어 집에서만 지내고, 손아저씨는 지팡이를 짚고 힘겹게 움직일 수 있었어요. 동네 할머니를 통해 둘은 서로에 대해 알게 되었고, 손아저씨는 길아저씨를 찾아갑니다. 그리고 서로 도우며 살자고 이야기하고, 손아저씨는 길아저씨를 업은 채 한 몸으로 생활합니다. 동네를 다니며 구걸하고 가끔 새끼를 꼬는 일도 했지요. 시간이 흘러 둘은 새끼 꼬는 솜씨가 늘어 다양한 물건을 만들어 사람들에게 팔았지요. 둘은 생활이 여유로워졌고, 좋은 여인을 만나 결혼도 하게 되었답니다.

📋 책 내용 확인 문제

1. 손아저씨는 누구의 이야기를 듣고 길아저씨를 알게 되었나요? (동네 할머니)
2. 길아저씨와 손아저씨는 어떻게 서로를 도우면서 한 몸처럼 생활하게 되나요?
   (손아저씨가 길아저씨를 업고서 생활)
3. 두 아저씨는 나중에 어떻게 돈을 벌게 되나요? (새끼를 꼬아 다양한 물건을 만듦)

Worksheet

● 직접 장애인 체험을 해봅시다.

1. 눈에 안대를 쓰고 20분간 생활해봅시다.

2. 두 다리를 사용할 수 없는 사람이라 생각하고 20분간 생활해봅시다.

3. 앞을 볼 수 없는 장님은 어떤 점이 불편할까요? 두 다리를 사용할 수 없는 장애인은 어떤 점이 힘들까요?

● 다음의 단어로 짧은 이야기를 만들어보세요.

장님(앞을 볼 수 없는 사람), 부모님, 결혼, 지팡이, 친구

● 그림 보고 내용 상상하기

책 표지나 본문에 나오는 그림을 보여줍니다.

● 경험 나누기

《길아저씨 손아저씨》에 등장하는 두 아저씨는 서로의 어려움을 도우며 행복하게 살았습니다. 여러분이 학교생활을 하면서 힘들었던 점을 친구가 도와주거나, 여러분이 친구의 어려운 점을 도운 경험은 없나요? 서로의 부족한 점을 채워주며 서로가 서로에게 소중한 친구임을 느낀 경험을 적어봅시다.

> 예: 나는 친구에게 국어를 가르쳐주었다.
> 그리고 친구는 내가 부족한 수학을 가르쳐주었다.

● 토론하기 1

지금 여러분은 옷을 생산하는 회사의 사장입니다. 회사가 발전해서 직원 100명을 뽑으려고 합니다. 그런데 나라에서는 장애인을 반드시 10명 채용할 것을 법으로 정하고 있습니다. 회사에서 사람을 채용할 때 몇 명은 반드시 장애인으로 뽑게 하는 법은 적절한 법이라고 생각합니까? 부적절한 법이라 생각합니까?

> 적절한 법이다.
> 적절한 법이라 생각하지 않는다.

● 토론하기 2

며칠 전 우리 학교로 전학 온 태훈이는 사고로 한쪽 다리를 잃은 장애인입니다. 반 친구들은 하루 종일 교실에 앉아 있는 태훈이를 조금씩 따돌리고 좋지 않은 별명을 붙이기까지 했습니다. 태훈이는 함께 어울리고 싶지만, 움직임이 불편해 힘들어 합니다. 태훈이처럼 몸이 불편한 친구는 장애인 학교를 다녀야 할까요? 아니면 일반 학교에서 함께 수업을 받아야 할까요? 또 왜 그렇게 생각하는지 토론해봅시다.

> 장앤인 학교를 다녀야 한다.
> 일반 학교를 다녀야 한다.

● 토론하기 3

우리 사회에 몸이 불편한 장애인들이 많이 있습니다. 초등학생으로서 그들을 도울 수 있는 방법은 무엇이며, 어떠한 마음가짐을 가져야 할까요? 함께 생각해보고 구체적인 실천 방법들을 적어봅시다.

● 조사하기

소아마비로 하반신 마비가 된 루스벨트 미국 대통령, 청각장애의 삶을 산 베토벤, 네 손가락으로 명곡을 치는 피아니스트 이희아. 이들의 공통점은 장애를 걸림돌로 여기지 않고 포기 없이 자신의 꿈을 향해 달려간 것입니다. 그 밖에 장애를 극복하고 자신의 꿈을 이룬 위인들을 찾아 내용을 정리해봅시다.

● 상상하기

만약 길아저씨, 손아저씨가 서로 만나지 못했다면 어떤 삶을 살았을까요? 서로 만나지 못했다고 가정하고, 길아저씨 손아저씨의 이야기가 어떻게 이어질지 상상해서 적어봅시다.

길아저씨

손아저씨

● 프로젝트 학습

우리 주위에는 장애를 극복하고 자신의 꿈을 이룬 사람들이 많이 있습니다. 그 사람들 중에서 남자 한 사람, 여자 한 사람을 찾고, 그들에게 배울 점은 무엇인지 적어봅시다.

● 책 생각하기

책을 읽고 가장 먼저 떠오르는 주요 키워드 3가지를 적어보고, 그 이유를 간단히 적어봅시다.

1.

2.

3.

● 토의하기

우리 주위에는 장애인들을 위한 시설이 있습니다. 지하철 역 장애인을 위한 좌석과 엘리베이터, 주차장에 장애인을 위한 주차구역 등이 있습니다. 그런데 장애인을 위한 시설에 일반인들이 이용하는 경우가 많습니다. 일반인들이 장애인 시설을 이용하지 못하게 하는 방법은 없을까요? 일반인들이 장애인을 위해 양보하고 배려할 수 있게 할 수 있는 방법을 적어봅시다.

● 정의하기

여러분이 생각하는 '장애'는 무엇인지 생각해봅시다.

장애란 _____ 이다.

왜냐하면 _____ 때문이다.

● 좋은 글귀 찾기 (가장 인상적인 글귀)

● 오감독서

여러분 주위에 있는 장애인 시설을 방문해본 적이 있나요? 또는 병원의 어린이 병동을 방문해본 적이 있나요? 몸을 움직이기 힘들고, 병으로 고통받는 친구들이 우리 주위에 많습니다. 여러분이 느끼고 생각한 것을 적어봅시다.

《까만 나라 노란 추장》

– 강무홍 글, 한수임 그림, 웅진주니어

Ⅲ Onepage Reading

질병과 배고픔, 그리고 오랜 전쟁으로 아프리카는 먹을 것이 많이 부족했습니다. 한상기 박사는 아프리카 나이지리아를 찾아 그들의 주된 식량인 카사바(고구마처럼 생겼지만 훨씬 크고 긴 뿌리식물)를 연구했습니다. 카사바를 연구해서 지금보다 더 크고 잘 자라도록 재배하는 것이 목적이었죠. 밤낮으로 열심히 연구한 한상기 박사는 드디어 개량한 카사바 재배에 성공합니다. 많은 사람들이 카사바를 배불리 먹을 수 있게 된 거죠.

어느 날, 아프리카 콩고 지역의 카사바 나무가 병들고 시들어 죽어간다는 소식을 들었습니다. 이 때문에 많은 사람들이 굶어 죽어가고 있었습니다. 급히 콩고로 달려간 한상기 박사는 카사바를 죽게 하는 벌레가 '면충'이 그 원인임을 확인합니다. 그리고 연구 끝에 면충의 천적인 작은 기생충을 발견하고, 이를 카사바 밭에 풀어 병충해를 해결합니다.

한상기 박사는 아프리카 사람들로부터 지도자인 '추장'이 되어달라는 부탁을 받고 '농민의 왕'이라는 이름의 추장이 되었습니다.

📚 책 내용 확인 문제

1. 아프리카 사람들이 주된 식량으로 먹고, 한상기 박사가 주로 연구한 이 식물은 무엇인가요? (카사바)
2. 콩고에서 카사바 나무가 면충으로 인해 죽어갈 때 한상기 박사가 면충의 천적으로 발견한 것은 무엇입니까? (작은 기생충)

Worksheet

● 다음 상황에서의 느낌을 말해봅시다.

배가 너무 고픈 상태에서 집에 돌아왔는데 아무도 없었습니다. 저
녁시간이 되었는데 집에 먹을 것도 없고, 용돈마저 다 떨어진 상태
였죠. 점심때 친구들이랑 놀이를 한다고 밥도 조금밖에 안 먹어서
배가 무척 고팠습니다. 이때의 느낌을 말해봅시다.

● 다음의 단어로 짧은 이야기를 만들어보세요.

> 나무, 연구, 벌레, 식량, 배고픔

● 그림 보고 내용 상상하기

책 표지나 본문에 나오는 그림을 보여줍니다.

● 경험 나누기

《까만 나라 노란 추장》에 등장하는 한상기 박사처럼 나보다 어려운 처지에 있는 사람들을 위해 봉사한 경험을 떠올려봅시다. 그리고 봉사활동을 했을 때의 경험과 느낀 점을 적어봅시다. 만약 그런 경험이 없다면 여러분이 해보고 싶은 봉사활동은 무엇인지 적어봅시다.

● 토론하기

우리는 살아가면서 매번 선택을 하게 됩니다. 삶의 방향을 선택할 때 돈 또는 물질을 따라 선택해야 할까요, 아니면 명예나 공리(公利, 모든 사람의 이익)가 되는 방향을 선택해야 할까요?

돈이나 물질
명예나 공리

● 감사할 점 찾기

지금 전 세계에는 여러분처럼 초등학교에 다녀야 할 나이임에도 불구하고 힘들게 일하는 친구들이 많습니다. 하루 세 끼를 먹는 여러분과 달리 하루 한 끼조차 먹기 힘든 친구들도 많답니다.

아프리카에 사는 한 친구의 이야기입니다. 아침에 일어나 물로 배를 채우고, 농장에서 농사일을 합니다. 일주일 내내 일해서 받는 돈은 우리나라에서 과자 한 봉지 살 수 있는 돈밖에 되지 않습니다. 일을 해서 번 돈은 편찮으신 할아버지, 할머니의 약값입니다. 그리고 저녁에는 주먹 한 줌쯤 되는 밥을 먹고 잠이 듭니다. 저녁이 유일한 한 끼의 식사입니다. 지금 여러분들은 어떤가요? 참 행복하게 살아가고 있지요? 지금 내 생활에서 감사할 점 10가지를 찾아 적어 봅시다.

우리 사회에서는 공부 잘하는 학생들이 의사나 검사가 되기를 원합니다. 그러다 보니 중요한 식량 연구, 식물 연구 등과 같은 분야는 사소한 일처럼 여겨지고 있습니다. 어떻게 하면 우수한 인재들도 기초과학 분야에 진출하도록 장려할 수 있을까요?

● 상상하기

《까만 나라 노란 추장》에 등장하는 한상기 박사는 삶의 갈림길에 서 있었습니다. 하나는 영국 케임브리지 대학에서 유전학 공부에만 몰두할 수 있는 연구원의 길, 또 하나는 아프리카 사람들의 식량 문제 해결을 위한 길이었습니다. 만약 여러분이 한상기 박사였다면 어떤 길을 선택했을까요? 또 왜 그러한 선택을 했는지도 적어봅시다.

● 책 생각하기

책을 읽고 가장 먼저 떠오르는 주요 키워드 3가지를 적어보고, 그 이유를 간단히 적어봅시다.

> 1.
>
> 2.
>
> 3.

● 정의하기

여러분이 생각하는 '봉사'는 무엇인지 생각해봅시다.

> 봉사란 _____ 이다.
>
> 왜냐하면 _____ 때문이다.

● 좋은 글귀 찾기(가장 인상적인 글귀)

● 오감독서

이태석 신부가 아프리카 수단에서 의사, 건축가, 교사로 헌신했던 영화 〈울지 마 톤즈〉를 관람해봅시다. 한상기 박사, 이태석 신부처럼 아프리카 사람들을 위해 온 몸을 바쳐 봉사하는 사람들의 모습을 살펴봅시다. 여러분이 지금 할 수 있는 일은 무엇인지 생각해보고 실천 가능한 일들을 적어봅시다.

《꼭 잡아!》
– 이혜경 글, 강근영 그림, 여우고개

Onepage Reading

땅 속의 벌레 5마리가 땅 위로 나와 서로 힘을 합쳐 나뭇잎 하나로 비와 바람을 잘 피합니다. 그리고 나뭇잎을 활용해 자신들의 먹이인 앵두도 보금자리까지 가져가게 됩니다. 나뭇잎 하나만으로도 친구들과 함께라면 하루 종일 얼마나 재미있게 놀 수 있는지, 그렇게 노는 모습이 얼마나 아름답고 행복한지를 보여줍니다.

책 내용 확인 문제

1. 벌레들은 비와 바람을 피하기 위해 무엇을 이용합니까? (나뭇잎)
2. 비가 많이 내려 온통 물바다가 되었을 때, 벌레들은 나뭇잎을 어떤 용도로 사용하나요? (배)
3. 바람이 많이 불 때, 벌레들은 나뭇잎을 어떤 용도로 사용하나요? (낙하산)

Worksheet

읽기 전
활동

● '협동' 하면 어떠한 것이 떠오르는지 생각그물을 작성해봅시다.

● 다음의 단어로 짧은 이야기를 만들어보세요.

> 벌레, 나뭇잎, 비, 앵두, 바람

● 그림 보고 내용 상상하기

책 표지나 본문에 나오는 그림을 보여줍니다.

● 경험 나누기

《꼭 잡아!》에서 벌레들은 나뭇잎을 다양한 상황에서 적절하게 사용하고 있습니다. 숟가락을 이용해 병뚜껑을 따는 모습, 물병들을 세워 볼링핀으로 사용하는 모습 등은 물건의 본래 목적이 아닌 다른 용도로 사용하는 거죠. 여러분이 주로 사용하는 연필, 지우개, 종이를 본래 목적이 아닌 다른 용도로 사용한 경험을 적어봅시다.

> 연필
>
> 지우개
>
> 종이

● 토론하기

국어시간에 선생님께서 모둠별로 학급신문을 만들어보라고 했어요. 5명으로 구성된 '최고조' 모둠을 짜고 토의 후 학교행사, 대회수상자 인터뷰, 학교소식 기사를 준비했어요. 예원은 학교행사 기사를, 예린은 대회수상자 인터뷰 기사를, 예훈은 학교소식 기사를 썼어요. 예담은 기사 관련 사진을 찍고 그림을 그렸어요. 그리고 예은은 신문에 들어갈 제목을 정했지요. '최고조'는 가장 신문을 잘 만들어 선생님께 칭찬을 받고 20권의 노트를 상으로 받았지요.

그런데 예담은 "내가 사진도 찍고 그림도 그린다고 고생했으니 노트를 더 가져야 해. 예은은 제목만 정하는 쉬운 일을 했잖아!" 그러자 예원은 "각자 하는 일이 달랐을 뿐이야. 똑같이 노력한 거야. 그래서 똑같이 4권씩 나눠 가져야 해!"라고 주장합니다.

누구의 의견이 맞다고 생각하나요? 그리고 왜 그렇게 생각하는지 그 이유를 적어봅시다.

예담이 의견이 옳다("내가 더 고생했으니 더 많은 노트를 가져야 해!")

예원이 의견이 옳다("각자 하는 일이 달랐을 뿐이야. 똑같이 나눠 가져야 해!")

● 토의하기 1

학교에서 친구들과 함께 모둠활동을 할 때가 있지요. 이때 몇몇 친구들은 다른 친구들에게 과제를 미루고 놀거나 아무것도 하지 않을 때가 있습니다. 또 반대로 몇몇 친구들은 자기가 무조건 다 하려고만 합니다. 이러한 친구들이 여러분 옆에 있다면 어떻게 말하면 좋을까요? 협동하려고 하지 않는 친구에게 하고 싶은 말을 적어봅시다.

아무것도 하지 않으려는 친구에게

무조건 자기가 다 하려는 친구에게

● 토의하기 2

《꼭 잡아!》에서 땅 속의 벌레들은 서로 협동하며 어려운 상황을 잘 헤쳐나갔어요. 서로 힘을 모아 협동했기 때문입니다. 협동을 하면 어떤 점이 좋은지 생각해봅시다. 그리고 학교나 우리 사회에서 협동하고 있는 모습들을 찾아봅시다.

협동하면 좋은 점

협동의 예:
  1. 우리 학교
  2. 우리 사회

● 상상하기

벌레들은 서로 도우며 사이좋게 지내고 있습니다. 만약 이 벌레들이 각자의 집에서 혼자 살아간다면 어떨까요? 여럿이 모여 사는 것의 장점과 단점, 혼자 살아가는 것의 장점과 단점에 대해 상상해봅시다.

여럿이 함께 살아가는 것의 장점과 단점

혼자 살아가는 것의 장점과 단점

● 생각해보기

산으로, 강으로, 바다로 가족들과 함께 놀러간 경험이 있지요. 이때 나뭇잎, 모래, 돌, 낙엽, 흙, 나뭇가지 등 자연물을 이용해 놀이를 해본 적이 있을 거예요. 자연물을 이용해 어떤 놀이를 할 수 있는지 생각해보고, 이 놀이를 친구들에게 설명해보도록 합시다.

● 책 생각하기

책을 읽고 가장 먼저 떠오르는 주요 키워드 3가지를 적어보고, 그
이유를 간단히 적어봅시다.

1.

2.

3.

● 돌아보기

'백지장도 맞들면 낫다'는 협동을 강조하는 속담입니다. 우리 주위
에 협동과 관련한 속담이나 사자성어를 생각해봅시다.

● 정의하기

여러분이 생각하는 '협동'은 무엇인지 생각해봅시다.

협동이란 _____ 이다.

왜냐하면 _____ 때문이다.

● 좋은 글귀 찾기(가장 인상적인 글귀)

《쿠키 한 입의 인생수업》

– 에이미 크루즈 로젠탈 글, 제인 다이어 그림, 책읽는곰

Onepage Reading

쿠키를 만들고 친구들과 함께 나누어 먹는 과정을 통해 여러 가지를 알게 해줍니다. 돕는다는 것, 참는다는 것, 믿음을 준다는 것, 욕심이 많다는 것, 예의 바르다는 것, 지혜롭다는 것 등이 무엇인지 쿠키를 통해 배울 수 있습니다.

책 내용 확인 문제

빈 칸에 들어갈 말은 무엇일까요?

1. "내가 반죽을 저을게. 너는 초콜릿 조각을 넣을래"는 서로 (   )는 것을 말한다. (돕는다)

2. 어른을 (   )한다는 것, 갓 구운 쿠키를 맨 먼저 할머니께 드리는 거야. (공경)

Worksheet ━━━━━

● 여러분이 생각하는 다음 단어들의 의미는 무엇인지 말해봅시다.

배려

공경

욕심

불공평

후회

지혜

● 다음의 단어로 짧은 이야기를 만들어보세요.

쿠키, 욕심, 정직, 초콜릿, 친구

● 그림 보고 내용 상상하기

책 표지나 본문에 나오는 그림을 보여줍니다.

● 경험 나누기

《쿠키 한 입의 인생수업》에서 예의 바르다는 것은 "미안하지만 그 쿠키 좀 이리 줄래" "고마워" 하고 말하는 것이라고 합니다. 여러분은 어른들로부터 "예의 바르지 못한 행동이야"라고 꾸중을 들은 적이 있나요? 어떤 상황이었는지 써봅시다. 그리고 다시 한 번 그런 상황에 처한다면 어떻게 행동하는 것이 예의 바른 행동인지 적어봅시다.

● 토론하기 1

'너와 내가 똑같이 나누어 가지는 것'은 공평하다는 것입니다. '너와 내가 다르게 나누어 가지는 것'은 불공평하다는 것이지요. 선생님께서 남학생과 여학생의 달리기 시합을 하려고 합니다. 그런데 남학생은 출발점에서 출발하고, 여학생은 세 걸음 나와서 출발을 합니다. 이것은 공평한가요? 불공평한가요?

공평하다.

불공평하다.

● 토론하기 2

추석을 맞아 온 가족이 모여 함께 송편을 빚었어요. 그리고 식사 시
간에 송편을 오순도순 나누어 먹었지요. 그런데 할머니께서 아빠는
5개를, 나는 3개를 나눠주는 거예요. 이것은 공평한가요? 불공평한
가요?

공평하다.

불공평하다.

● 토의하기

《쿠키 한 입의 인생수업》에서 '겸손이란 동네방네 자랑하고 다니지
않는 것'이라고 이야기하고 있어요. 여러분이 새 옷을 사고, 멋진

가방을 매고, 시험에서 좋은 점수를 받았을 때 주위 친구들에게 자랑하고 싶을 겁니다. 이럴 때 겸손해지기 위해서는 어떻게 하는 것이 좋을까요?

● 상상하기

현장체험학습을 갔어요. 엄마는 친구들이랑 나눠 먹으라고 과자를 많이 싸주셨어요. 그래서 과자봉지를 펼쳐 여러 친구들과 나눠 먹었지요. 그런데 한 친구는 자신이 챙겨온 과자를 혼자서만 먹고 있는 거예요. "같이 먹자"라고 이야기해도 욕심 부리며 혼자 먹겠다는 거예요. 나는 배려를 했지만, 친구는 욕심만 부립니다. 이럴 때는 어떻게 하는 것이 좋을까요?

● 생각해보기

컵에 맛있는 음료가 반 정도 있을 때, 여러분은 어떻게 생각하나요? '반이나 남았네'라고 생각하나요, '반밖에 안 남았네'라고 생각하나요? 그리고 어떻게 생각하는 사람이 미래에 더 성공할 확률이 높다고 생각하는지 이유와 함께 적어봅시다.

저는 _____ 라고 생각합니다.

저는 "반이나 남았네" / "반밖에 안 남았네"라고 하는 사람이 성공할 거라 생각합니다.

왜냐하면 _____ 때문입니다.

● 실천하기

《쿠키 한 입의 인생수업》에서 내가 가진 것을 다른 사람들에게 나눠주는 것을 '마음이 넓다'라고 합니다. 친구들로부터 "넌 참 마음이 넓은 친구인 것 같아"라는 말을 듣기 위해 어떤 노력을 할 수 있을까요?

● 책 생각하기

책을 읽고 가장 먼저 떠오르는 주요 키워드 3가지를 적어보고, 그 이유를 간단히 적어봅시다.

> 1.
>
> 2.
>
> 3.

● 돌아오기

"정직해야 된다" "예의바르게 행동해야지" "좀 더 당당해봐" "참을 줄 알아야 해" "마음을 넓게 가져" 등 부모님께서는 주로 어떤 잔소리를 많이 하나요? 부모님께서 그런 이야기를 하는 이유는 무엇이고, 나는 어떤 행동을 고치고 싶은지 적어봅시다.

> 우리 부모님의 대표 잔소리
>
> 잔소리의 이유
>
> 내가 고치고 싶은 대표적 행동

● 정의하기

여러분이 생각하는 '정직'과 '우정'은 무엇인지 생각해봅시다.

정직이란 ＿＿＿＿＿＿＿ 이다. 왜냐하면 ＿＿＿＿＿＿＿＿＿ 때문이다.

우정이란 ＿＿＿＿＿＿＿ 이다. 왜냐하면 ＿＿＿＿＿＿＿＿＿ 때문이다.

● 좋은 글귀 찾기(가장 인상적인 글귀)

● 오감독서

우리 반 최고의 친구를 생각해보고 그 이유도 적어봅시다.

· 겸손왕 (　　　　) – 이유 :

· 공경왕 (　　　　) – 이유 :

· 믿음왕 (　　　　) – 이유 :

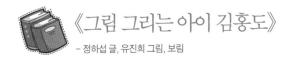

《그림 그리는 아이 김홍도》

– 정하섭 글, 유진희 그림, 보림

Onepage Reading

개구쟁이인 홍도는 글과 책보다는 그림을 좋아했어요. 화가인 외삼촌의 그림을 보고 자신도 그러한 그림을 그리고 싶어 했어요. 집이 가난했던 홍도는 숯으로 땅과 하늘에 틈만 나면 그림을 그렸어요. 어느 날 담장에 그림을 그려 아버지에 크게 혼나고서 많은 눈물을 흘리기도 했어요. 그러나 홍도는 외삼촌의 도움으로 붓과 종이를 얻을 수 있었어요. 그리고 아버지 앞에서 그림 실력을 보여드리고 글 공부, 그림 모두 열심히 하겠다고 약속을 했어요. 이후 홍도는 사람들의 모습을 그리는 조선시대 최고의 화가가 되었어요.

책 내용 확인 문제

1. 홍도는 어느 집 담장에 그림을 그리고 아버지께 크게 꾸중을 듣지요. 홍도는 누구로부터 위로를 받고 또 붓과 종이를 얻었나요? (외삼촌)
2. 집이 가난했던 홍도는 종이가 아닌 어디에 그림을 그리기도 했나요? (숯으로 땅바닥과 하늘에 그림을 그렸어요)
3. 홍도는 이후 조선시대의 화가가 되어 주로 어떤 그림들을 그렸나요? (사람들이 살아가는 모습, 일하고 공부하고 노는 모습을 그렸어요)

Worksheet

● 선생님이 준비한 5개의 소품이 있습니다. 이 소품들을 최소한 한 번씩 사용해 모둠별로 3~5분 정도의 짧은 이야기를 만들어봅시다. 이야기는 처음과 끝이 있는 하나의 완성된 이야기로 만들어봅시다.

> 회초리, 낙서한 벽(종이로 제공), 붓, 책, 돈

● 다음의 단어로 짧은 이야기를 만들어보세요.

> 화가, 종이, 붓, 책, 아버지

● 그림 보고 내용 상상하기

책 표지나 본문에 나오는 그림을 보여줍니다.

● 경험 나누기

홍도는 그림 그리기를 참 좋아했지요. 그런데 홍도 아버지는 홍도가 책과 글을 가까이 하기 원했죠. 홍도 아버지는 홍도가 그림 그리는 것을 처음에 반대하셨어요. 여러분도 홍도처럼 어떤 것이 너무 좋아 꼭 하고 싶은데 부모님이 반대한 경험이 있나요? 부모님이 반대하셨을 때의 기분은 어떠했나요?

● 토론하기 1

홍도 아버지는 처음에 홍도가 공부를 하지 않고 그림 그리는 것을 심하게 반대했습니다. 만약 여러분은 나중에 화가나 피아니스트 또는 운동선수가 되고 싶어 하는데, 부모님은 의사나 검사가 되기를 원하며 반대하는 상황입니다. 내가 원하는 미래의 꿈, 장래희망과 부모님이 바라는 나의 꿈, 장래희망이 다를 때, 여러분은 어떻게 하는 것이 좋을까요? 여러분은 부모님의 결정에 따라야 할까요? 여러분의 생각을 주장해야 할까요?

부모님의 결정을 따라야 한다.

내 생각을 주장해야 한다.

● 토론하기 2
부모님이 여러분에게 어떤 직업을 가지라고 이야기하는 것은 올바른 자녀교육일까요? 그릇된 자녀교육일까요?

올바른 자녀교육이다.

그릇된 자녀교육이다.

● 토의하기

내가 하고 싶은 것과 부모님이 내게 바라는 것이 다를 때 힘들어요. 예를 들어 부모님은 영어, 수학이 중요하다고 공부학원을 보내려고 합니다. 그런데 나는 태권도나 무용학원을 다니고 싶어요. 이런 상황에서 여러분은 어떻게 효과적으로 부모님을 설득할 수 있을까요? 부모님을 설득하는 방법에 대해 토의해보세요.

● 상상하기

만약 홍도가 아버지의 생각과 말씀대로 그림 그리기를 그만두었다면 홍도의 삶은 어땠을까요?

여러분이 조선시대 최고의 화가 김홍도라고 상상해보고, 다음 질문에 답해주세요.

> 1. 꿈을 이루는 데 있어 가장 중요한 것은 무엇이라고 생각합니까?
>
> 2. 아버지의 심한 반대가 힘들었지만, 어머니와 외삼촌이 당신을 도와주셔서 힘이 되었을 겁니다. 특별히 외삼촌에게 하고 싶은 말이 있습니까?
>
> 3. 자신의 꿈을 이루기 위해 노력하는 초등학생들에게 한 말씀 해주세요.

● 실천하기

《그림 그리는 아이 김홍도》에서 홍도는 자신의 꿈인 화가가 되기 위해 틈만 나면 그림을 그렸어요. 여러분도 자신의 꿈을 이루기 위해 매일 조금씩 노력하고 있는 것이 있나요? 지금 자신의 꿈을 이루기 위해 할 수 있는 것들에는 무엇이 있을지 적어보세요.

● 책 생각하기

책을 읽고 가장 먼저 떠오르는 주요 키워드 3가지를 적어보고, 그 이유를 간단히 적어봅시다.

1.

2.

3.

● 다른 책과 연결 짓기

《마시멜로 이야기》에서는 눈앞에 보이는 마시멜로를 먹는 것을 참을 줄 알아야 한다고 말합니다. 다시 말해 지금 내가 하고 싶은 TV 보기, 게임하기, 늦잠 자기 등의 유혹들을 이겨낼 수 있어야 한다는 거죠. 여러분의 꿈을 위해 버리고 싶은 나쁜 습관들, 어떤 것들이 있을까요?

● 정의하기

여러분이 생각하는 '꿈'이란 무엇인가요?

꿈이란 _____ 이다.

왜냐하면 _____ 때문이다.

● 좋은 글귀 찾기(가장 인상적인 글귀)

● 오감독서

 쪽지를 만들어보세요. A4 종이에 내가 커서 하고 싶은 일을 적고, 공부하고 싶은 학교도 적어보세요. 그리고 내가 꿈꾸는 일을 직접 하고 있는 롤모델을 정하고 사진도 붙여봅니다. 내 사진도 붙이고, 내가 꿈을 위해 지금 할 수 있는 일도 적어보세요. 그리고 매일 하루를 시작하기 전에 주문을 걸어보세요. 여러분의 꿈이 현실로 나타나길 간절히 소망하면서 말이지요.

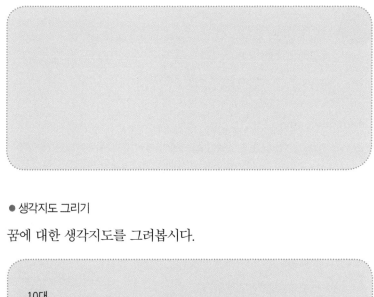

● 생각지도 그리기

꿈에 대한 생각지도를 그려봅시다.

10대

20대

30대

40대

《아씨방 일곱동무》

– 이영경 글,그림, 비룡소

Ⅲ Onepage Reading

빨간두건 아씨는 바느질을 좋아했어요. 아씨가 잠이 든 사이에 바느질 일곱동무 (자, 가위, 바늘, 실, 골무, 인두, 다리미)들은 각자가 바느질에서 가장 중요하다고 자랑을 했어요. 일곱동무가 다투는 소리에 잠이 깬 아씨는 자신이 제일 중요하다고 말했어요. 그리고 일곱동무를 반짇고리에 마구 넣고 다시 잠이 들어요. 아씨는 일곱동무가 사라지는 꿈을 꾸게 되고 놀라 잠을 깨요. 그리고 꿈인 줄 확인한 아씨는 바느질 일곱동무가 자기 옆에 있음을 확인하고 못되게 말한 것을 사과합니다.

책 내용 확인 문제

1. 왜 아씨를 빨간두건 아씨라고 불렀나요? (바느질을 좋아해서)

2. 아씨의 일곱동무는 누구인가요? (자, 가위, 바늘, 실, 골무, 인두, 다리미)

3. 인두는 왜 자신이 중요하다고 이야기하나요? (울퉁불퉁 바느질의 모양을 바르게 잡아주니까)

Worksheet ━━━━━━━━━━

● 메모리 게임

선생님이 제시하는 단어들을 기억했다가, 잠시 후 종이에 적어보도록 합시다. 선생님이 단어들을 제시하는 동안에는 메모할 수 없습니다.

● 책의 주요 단어로 짧은 이야기를 써보세요.

바느질, 바늘, 실, 자랑, 꿈

● 그림 보고 내용 상상하기

책 표지나 본문에 나오는 그림을 보여줍니다.

● 경험 나누기

빨간두건 아씨는 꿈 속에서 일곱동무가 사라진 것을 확인하고 '하나하나 모두가 다 소중하다'라는 사실을 깨달으며 울게 됩니다. 모둠활동을 하거나, 여러 친구들이 함께 모여 어떤 일을 할 때 '한 명한 명이 참으로 소중하다'라고 느낀 적이 있는지 적어보세요.

● 토론하기

학교에서 서로 돕고 배려하는 마음을 키우기 위해 모둠활동을 하고 있어요. 그런데 모둠활동을 하다 보면 몇몇 학생들만 참여하는 경우도 있어요. 여러 친구들의 의견을 모으고 함께하기 힘드니 잘하는 학생들이 나서서 과제를 하는 경우죠. 그러나 갈수록 사회는 나 혼자만을 생각하는 '개인주의'가 깊어지고 있어요. 그래서 학교에서 모둠활동을 통해 더불어 살아가는 사회를 알도록 교육하는 거

죠. 학교 수업에서 모둠활동은 필요한가, 필요하지 않은가에 대해
자신의 생각을 적어보도록 합시다.

모둠활동이 필요하다.

모둠활동이 필요하지 않다.

● 토의하기

"나는 ~도 잘해" 혹은 "나는 ~에서 상도 받았어"와 같이 자기 자랑
만 늘어놓는 친구가 있습니다. 그런데 여러분은 입만 열면 자기 자
랑을 늘어놓는 친구의 단점을 고쳐주고 싶은 멋진 친구입니다. 어
떤 방법으로 친구의 잘못된 점을 현명하게 고쳐줄 수 있을까요?

● 상상하기

일곱동무가 모두 자신의 역할이 중요하다고 이야기했어요. 만약 여러분이 일곱동무 중 한 명이었다면 어떻게 말하고 행동했을까요? 다른 동무들과 같이 이야기를 했을까요? 아니면 다르게 이야기했을까요? 왜 그렇게 이야기했을지 이유도 적어보세요.

● 이야기 상상하기

일곱동무가 다투고 있을 때, 아씨가 잠에서 깨어 자신이 제일 중요하다고 이야기했어요. 이때 일곱동무 중 가위색시는 밖으로 나가려고 했어요. 만약 가위색시가 아씨방을 나가버렸다면 이야기는 어떻게 바뀌었을까요? 상상해서 새로운 이야기를 적어보세요.

● 실천하기

《아씨방 일곱동무》는 우리에게 '협동'을 이야기해주고 있어요. 우리가 협동을 해야 할 때가 언제이고, 나는 어떻게 행동하는 것이 좋을지 생각해보고 적어보세요.

● 책 생각하기

책을 읽고 가장 먼저 떠오르는 주요 키워드 3가지를 적어보고, 그 이유를 간단히 적어봅시다.

1.

2.

3.

● 정의하기

여러분이 생각하는 '협동'이란 무엇인가요?

협동이란 _____ 이다.

왜냐하면 _____ 때문이다.

● 좋은 글귀 찾기 (가장 인상적인 글귀)

● 오감독서

'빨리 가려면 혼자 가고, 멀리 가려면 같이 가라'라는 아프리카 속
담이 있어요. 혼자 하면 빨리 할 수 있지만 깊이 있게 더 많은 것을
하기에는 힘들지요. '백지장도 맞들면 낫다'라는 속담도 혼자보다
는 두 명이 함께할 때 더 좋다는 것을 말해요. 세상의 리더는 혼자
의 힘으로 될 수가 없어요. 여러 명이 리더를 돕고 지지할 때 가능
한 것이죠. 협동을 통해 이룬 성과를 적어봅시다.

● 생각지도 그리기

'협동'에 대한 생각지도를 그려봅시다.

《퐁퐁이와 툴툴이》

– 조성자 글, 사석원 그림, 시공주니어

Onepage Reading

숲속에 툴툴이 옹달샘과 퐁퐁이 옹달샘이 있어요. 툴툴이 옹달샘은 목이 아파 찾아오는 종달새, 목이 마른 토끼에게 자신의 샘물을 나눠주지 않았어요. 그러나 퐁퐁이 옹달샘은 숲속 친구들에게 샘물을 넉넉히 나눠주었죠. 가을이 되자, 바람이 불고 낙엽이 떨어졌어요. 옹달샘 위로 우수수 낙엽들이 떨어졌죠. 퐁퐁이 옹달샘 위의 나뭇잎은 샘물을 마시러 온 숲속 친구들이 건져내고 물을 마셨어요. 그런데 툴툴이 옹달샘에는 아무도 찾아오지 않아 나뭇잎으로 옹달샘이 덮혀갔어요. 심지어 숲속 친구들은 나뭇잎에 덮인 툴툴이 옹달샘을 잊었답니다.

책 내용 확인 문제

1. 툴툴이 옹달샘은 토끼에게 왜 물을 주지 않았나요? (토끼가 털을 떨어뜨릴 수도 있어서)
2. 가을이 되자 나뭇잎들이 퐁퐁이 옹달샘을 덮었어요. 옹달샘을 덮은 나뭇잎들은 누가 건져냈나요? (다람쥐, 토끼, 사슴)

Worksheet

● 지우개 브레인스토밍

다음 25개의 단어 가운데 《퐁퐁이와 툴툴이》에 소개될 것 같지 않은 단어 5개를 표시해보세요.

> 사냥꾼 늑대 소년 가을 샘물 옹달샘 나뭇잎 동물 별 조각달 친구
> 노래 고운 소리 토끼 먼저 털 다람쥐 단풍잎 은행잎 작살나무 사슴
> 종달새 파란하늘 피리 거울
>
> (정답 : 사냥꾼 늑대 소년 피리 거울)

● 다음의 단어로 짧은 이야기를 만들어보세요.

> 옹달샘, 토끼, 구름, 다람쥐, 나뭇잎, 가을, 친구

● 그림 보고 내용 상상하기

책 표지나 본문에 나오는 그림을 보여줍니다.

● 경험 나누기

퐁퐁이는 자신의 샘물을 숲속 친구들에게 나눠주었어요. 그리고 가을이 되어 숲속 친구들의 도움으로 옹달샘의 나뭇잎을 건져낼 수 있었지요. 내가 친구들에게 나눠주고, 도움을 받았던 경험을 적어보도록 합시다.

● 토론하기

부자와 가난한 사람이 있어요. 부자는 100억 원이 넘는 재산을 가지고 있어요. 화려한 집, 고급스러운 차, 좋은 음식 등 모든 사람이 부러워할 만한 것들을 가졌어요. 그런데 주위의 어려운 사람들을 돕지는 않아요. 그는 다른 사람에게 피해를 주지 않고 가족들과 오순도순 많은 것들을 누리며 살아가요.

가난한 사람은 참 힘들게 살아가요. 내일 먹을 음식을 걱정하며 살아가고 있어요. 그런데 자신보다 더 가난한 사람들을 위해 자신의 음식을 나눠주며 살아요. 방이 좁고 따뜻하지 않으며, 좋은 것을 가지고 있지는 않지만 자기 것을 나눠주는 것이 즐겁다고 생각하며 살아가요. 어떤 사람이 더 행복한 삶이라고 생각하나요? 그 이유도 적어보세요.

> 부자
>
> 가난한 사람

● 토의하기 1

왜 나누는 삶을 살아야 할까요?

퐁퐁이는 자기가 가진 샘물을 숲속 친구들에게 나눠주는 것이 즐거웠어요. 그런데 사실 내가 가진 것을 주위 사람들에게 나눠주기란 쉽지 않은 일이에요. 어떻게 하면 퐁퐁이처럼 긍정적인 마음을 가질 수 있을까요? 긍정적인 마음과 자세를 갖기 위한 방법을 생각해 봅시다.

● 상상하기

사람들에게 나눠주었다고 해서 반드시 그에 대한 대가가 나에게 돌아오는 것은 아니에요. 퐁퐁이 옹달샘이 나뭇잎으로 가득 차 있음에도 숲속 친구들이 도와주지 않는다면, 퐁퐁이 마음은 어땠을까요? 만약 여러분이 퐁퐁이라면 앞으로 어떻게 행동했을까요?

● 이야기 상상하기

나뭇잎으로 가득 덮인 툴툴이 옹달샘. 숲속 친구들은 툴툴이 옹달샘이 있었다는 것조차 잊어버렸어요. 툴툴이는 무척 슬펐어요. 아무도 자신을 기억해주는 친구가 없었기 때문이죠. 툴툴이는 어떻게 생각을 바꾸어야 할까요?

● 실천하기

《퐁퐁이와 툴툴이》는 우리에게 '나눔'을 이야기해주고 있어요. 우리가 지금 다른 친구나 어려운 사람들에게 나눠줄 수 있는 것들에는 어떤 것들이 있을까요?

● 책 생각하기

책을 읽고 가장 먼저 떠오르는 주요 키워드 3가지를 적어보고, 그 이유를 간단히 적어봅시다.

1.

2.

3.

● 다른 책과 연결 짓기

《아낌없이 주는 나무》에 나오는 나무와 이 책에 등장하는 퐁퐁이의 공통점과 차이점은 무엇일까요?

공통점

차이점

● 정의하기

여러분이 생각하는 '나눔'이란 무엇인가요?

나눔이란 _____ 이다.

왜냐하면 _____ 때문이다.

● 좋은 글귀 찾기(가장 인상적인 글귀)

● 오감독서

짧은 동화지만 이 책을 통해 우리는 더불어 살아가는 삶, 나누는 즐 거움에 대해 생각해보게 되었어요. 주말에 부모님과 함께 봉사활동 을 다녀오세요. 그리고 자신에게 불필요한 물건, 작아서 입지 못하 는 물건들을 아름다운 가게, 굿윌스토어, YMCA 등의 센터에 기부 해보세요. 퐁퐁이의 삶을 몸소 느낄 수 있을 겁니다.

● 생각지도 그리기

나눔에 대한 생각지도를 그려봅시다.

「이 도서의 국립중앙도서관 출판시도서목록(CIP)은
서지정보유통지원시스템 홈페이지(http://seoji.nl.go.kr)와
국가자료공동목록시스템(http://www.nl.go.kr/kolisnet)에서 이용하실 수 있습니다.
(CIP제어번호: CIP2015008628)」

함께 웃고 떠들며 배우는
독서토론논술 수업
ⓒ 김성현

1쇄 발행 2015년 4월 22일
5쇄 발행 2018년 11월 20일

지은이 김성현
발행인 윤을식

책임편집 김은영

펴낸곳 도서출판 지식프레임
출판등록 2008년 1월 4일 제2016-000017호
주소 서울시 서초구 효령로26길 9-12, B1
전화 (02)521-3172 | **팩스** (02)6007-1835

이메일 editor@jisikframe.com
홈페이지 http://www.jisikframe.com

ISBN 978-89-94655-37-6 (03370)